Mitarbeiterführung in Krippe, Kindergarten & Hort

Julia Hitzenberger
Susanne Schuett

Mitarbeiterführung in Krippe, Kindergarten & Hort

Angewandte Psychologie für die erfolgreiche Kita-Leitung

Mit 60 Abbildungen

Springer

Julia Hitzenberger
München
Deutschland

Susanne Schuett
Universität Wien
Wien
Österreich

ISBN 978-3-662-49107-2 ISBN 978-3-662-49108-9 (ebook)
DOI 10.1007/978-3-662-49108-9

Die Deutsche Nationalbibliothek verzeichnet diese Publikation in der Deutschen Nationalbibliografie; detaillierte bibliografische Daten sind im Internet über http://dnb.d-nb.de abrufbar.

Springer

Umschlaggestaltung: deblik Berlin
Fotonachweis Umschlag: © Sunny studio

Gedruckt auf säurefreiem und chlorfrei gebleichtem Papier

Springer ist Teil von Springer Nature
Die eingetragene Gesellschaft ist Springer-Verlag GmbH Berlin Heidelberg

Vorwort

▪ *Warum* sollten Sie das Buch lesen?

Eine Kindertageseinrichtung (Kita) zu leiten ist nicht einfach. Ganz im Gegenteil. Mitarbeiter/-innen in Krippe, Kindergarten oder Hort zu führen, ist für sich genommen schon eine große Herausforderung. Die Leitung einer Kita ist eine anspruchsvolle Aufgabe, die sich „nicht einfach nebenbei erledigt". Außerdem ist jeder Tag anders am „Arbeitsplatz Kita". Unser kompaktes Praxisbuch unterstützt Sie bei der Bewältigung Ihrer Leitungsaufgabe. Es hilft Ihnen und Ihrem Team, den Kita-Alltag erfolgreich zu meistern – und zwar, im Unterschied zu vielen anderen Büchern, mit ganz praxisnahen und konkreten (in Kitas erprobten und bewährten) Handlungsempfehlungen, Anleitungen, Beispielen, Abbildungen, Arbeitsmaterialien und Übungen.

Hinzu kommt, dass die ohnehin schon herausfordernde und anspruchsvolle Mitarbeiterführung in Kitas immer herausfordernder und anspruchsvoller wird. Um diese erfolgreich zu meistern, braucht es viel angewandte Psychologie. Warum? Die Frühpädagogik ist in der Krise – in einer gewaltigen Wertschätzungskrise: „Bollerwagen ziehen kann doch jede!", „Den ganzen Tag mit Kindern spielen und Kaffee trinken – dafür werden die Basteltanten auch noch bezahlt?!" Unsere Gesellschaft weiß nicht und unterschätzt, was Kita-Leitungen und ihre Mitarbeiter/-innen tagtäglich für unsere Gesellschaft leisten – und das inzwischen an der Belastungsgrenze. Außerdem verändert sich unsere Gesellschaft, und mit ihr nicht nur die frühpädagogischen Fachkräfte, sondern auch die in den Kitas betreuten Kinder und deren Eltern: Sie werden immer „älter, weniger und vielfältiger" und verändern sich zu ganz neuen Anspruchsgruppen. Dementsprechend steigen die Ansprüche, Anforderungen und Belastungen am „Arbeitsplatz Kita".

Deshalb brauchen Kita-Leitungen heute eine ganz besondere „Führungsstärke", um ihre Mitarbeiter/-innen sowie die in ihren Einrichtungen betreuten Kinder und deren Eltern erfolgreich durch die Wertschätzungskrise und den gesellschaftlichen Wandel zu führen. Auch auf diesem Weg begleitet und unterstützt Sie unser Praxisbuch mit dem notwendigen Handwerkszeug, um Sie für die wachsenden Herausforderungen und Aufgaben „führungsstark und -stärker" zu machen, nach dem Prinzip: „Von Wertschätzung zu Wertschöpfung: In fünf Schritten zur erfolgreichen Kita-Leitung." Es geht darum, vor allem in Zeiten des Fachkräftemangels, Ihre Mitarbeiter/-innen erfolgreich an Ihre Einrichtung zu binden, zu qualifizieren, gesund zu erhalten, zu motivieren und zufrieden zu machen – was das „Leben und Arbeiten" und nicht zuletzt die Qualität der Frühpädagogik in Krippe, Kindergarten und Hort sichern und verbessern hilft, und zwar nachhaltig.

▪ *Wer* sollte das Buch lesen?

Unser Buch richtet sich in erster Linie an alle Kita-Leitungen (wobei es unerheblich ist, ob Sie gerade frisch in eine Leitungsposition gewechselt sind oder bereits auf viele Jahre Leitungserfahrung zurückblicken können) und an alle, die es irgendwann einmal werden möchten. Gleichzeitig ist das Buch natürlich auch von Interesse für alle Mitarbeiter/-innen der verschiedenen Berufsgruppen in Krippe, Kindergarten und Hort sowie für all diejenigen, die noch in Ausbildung sind. Außerdem ist das Buch gedacht für alle Träger von Bildungseinrichtungen und deren Personalmanagement sowie natürlich auch für diejenigen, die Bildungseinrichtungen und deren Leitungen, Mitarbeiter/-innen und Träger beraten. Last but not least ist das Buch auch von Interesse auch für alle Praktiker/-innen, Lehrende bzw. Ausbilder/-innen und

Studierende der Pädagogik und Erziehungs-/Bildungswissenschaften, der Psychologie und der Betriebswirtschaftslehre.

- ***Wie* sollten Sie das Buch lesen?**

Als kompaktes Praxishandbuch geschrieben, orientiert sich unser Buch konsequent an den Bedürfnissen und Problemen in der Kita-Praxis und vermittelt Ihnen das neueste Wissen so interessant, einfach, unterhaltsam und mit so vielen Abbildungen und Infografiken wie möglich („Ein Bild sagt mehr als 1000 Worte", Fred R. Barnard; Hinweis: alle Abbildungen sind selbst erstellt mittels der Software www.easel.ly). Die „Fünf Schritte zur erfolgreichen Kita-Leitung" wurden entwickelt und erprobt auf Basis (1) der neuesten Erkenntnisse und Methoden der Arbeits- und Organisationspsychologie, der Bildungsforschung, der systemischen Sichtweise und der gewaltfreien Kommunikation, (2) zahlreicher wissenschaftlicher Interviews mit Kita-Leitungen und Mitarbeitern/-innen in Krippe, Kindergarten und Hort verschiedenster Größen und Träger sowie (3) der eigenen professionellen Erfahrung sowohl als Kita-Leitung als auch als Kita-Mitarbeiterin.

Auf wissenschaftlichen Jargon wird ebenso bewusst verzichtet wie auf die klassisch-wissenschaftliche Zitierweise. Ein vollumfängliches Verzeichnis der verwendeten und auch zum Weiterlesen empfohlenen Literatur finden Sie am Ende des Buches sowie auch als „Buchtipps!" im Text – ebenso wie eine Auswahl einiger exzellenter „Ressourcen für Kita-Leitungen".

Außerdem sind alle Kapitel so geschrieben, dass Sie diese unabhängig voneinander lesen können, je nach Ihrem aktuellem Bedarf und Interesse. Teil 1 des Buches dient als kurze, kompakte Einführung in die Thematik „Kitas in der Krise: Neue Herausforderungen für die Kita-Leitung" (Kapitel 1: Wertschätzungskrise in der Frühpädagogik: „Denn sie wissen nicht, was wir tun ... "). Darauf aufbauend erklären wir Ihnen in Teil 2, was Kita-Mitarbeiter/-innen eigentlich wollen, und bringen Ihnen dann die Wertschätzung als das neue Erfolgsprinzip für Kita-Leitungen näher (Kapitel 2–6: Die Basics der Wertschätzung: Warum? Was? Wirkung? sowie Wertschätzung von der Leitung, den Teamkolleg/-innen, den Eltern und die sog. Selbst-Wertschätzung). Im Teil 3 geht es dann „In fünf Schritten zur erfolgreichen Kita-Leitung" (Kapitel 7–12: Wertschätzendes Führungsverständnis verinnerlichen! Wertschätzend kommunizieren! Wertschätzendes Teamklima schaffen! Wertschätzend coachen und qualifizieren! Wertschätzende Erziehungspartnerschaft managen!). Wir beenden das Buch mit einem Plädoyer im Schlusswort für ein „Mehr an Wertschätzung" in unserer Gesellschaft für und in Kitas „für Groß und Klein", und zwar „von Anfang an, ein Leben lang!" (Kapitel 13: Wertschätzung für und in Kitas geht uns alle an!)

- **Viele haben mitgeholfen – Danke**

Als Kita-Leitung bzw. Wissenschaftlerin haben wir angesichts der wachsenden Ansprüche, Anforderungen und Belastungen am „Arbeitsplatz Kita" eine große Lücke in der wirklich praxisnahen Führungsliteratur speziell für Kita-Leitungen gesehen. Zahlreiche Gespräche und Interviews mit Kita-Leitungen sowie Mitarbeiter/-innen in Krippe, Kindergarten und Hort verschiedenster Größen und Träger haben uns dann noch zusätzlich bestärkt, dieses Praxisbuch zu schreiben. Wir hoffen, dass dieses Buch das „Leben und Arbeiten" in Kitas tatsächlich entscheidend verbessern hilft – für Sie als Kita-Leitung, für Ihre Mitarbeiter/-innen sowie natürlich für die in Ihrer Einrichtung betreuten Kinder und deren Eltern.

An dieser Stelle möchten wir uns deshalb für die großartige Unterstützung unserer Familien herzlich bedanken, ebenso wie bei allen anderen, die zum Entstehen dieses Buches beigetragen haben, nämlich bei allen Unterstützer/-innen, Kolleg/-innen und Student/-innen unserer bisherigen universitären bzw. professionellen Wirkungsstätten in Deutschland, England, Frankreich, Österreich und den USA, nämlich der Ludwig-Maximilians-Universität München, University of Durham, Université de Nantes, Universität Wien und University of California San Diego, sowie den Kitas der Diakonie Jugendhilfe Oberbayern, der Landeshauptstadt München, privater Eltern-Kind-Initiativen und der Diakonie Bildung Wien. Außerdem geht unser Dank an Herrn Joachim Coch und Frau Judith Danziger vom Springer-Verlag sowie an Frau Dr. Marion Sonnenmoser (Lektorat) für die (erneut) exzellente und unkomplizierte Zusammenarbeit, an Renate Alf für die freundliche Abdruckgenehmigung ihres Erzieher/-innen-Comics (Kapitel 1) und an Waltraut E. Doering für die freundliche Abdruckgenehmigung ihrer „Elefantengrafik" (Kapitel 2).

Julia Hitzenberger und Susanne Schuett
München und Wien im Herbst 2015

Inhaltsverzeichnis

Autorenportraits

Julia Hitzenberger, B.A., M.A., ist Pädagogin und Leiterin einer großen Kindertagesstätte in München. Ausgebildet in Deutschland, Österreich und Frankreich, ist sie seit mehreren Jahren als Kita-Leitung und zuvor als frühpädagogische Fachkraft tätig. Ihre Schwerpunkte sind das Personal- und Bildungsmanagement in der Frühpädagogik sowie Weiterbildung, Coaching und Beratung von pädagogischen Fach- und Führungskräften und Eltern.

Kontakt: Julia Hitzenberger, München, julia.hitzenberger@online.de

Susanne Schuett, promovierte Psychologin, forscht seit vielen Jahren im Bereich Altern, Gesundheit und Organisation. Wissenschaftlich ausgebildet in Deutschland, Großbritannien und den USA, gilt ihr Arbeits- und Forschungsinteresse den neuen Dynamiken des Alterns, beim Einzelnen und in Unternehmen. Schuett ist Autorin von „Führung im demografischen Wandel" und „Demografie-Management in der Praxis".

Kontakt: Susanne Schuett, Wien, susanne.schuett@univie.ac.at

Kitas in der Krise: Neue Herausforderungen für die Kita-Leitung

Wertschätzungskrise in der Frühpädagogik: „Denn sie wissen nicht, was wir tun …“

Julia Hitzenberger, Susanne Schuett

J. Hitzenberger, S. Schuett *Mitarbeiterführung in Krippe, Kindergarten & Hort*,
DOI 10.1007/978-3-662-49108-9_1

Kita-Leiten ist nicht einfach

Eine Kindertageseinrichtung (Kita) zu leiten ist nicht einfach. Ganz im Gegenteil. Vor allem die Mitarbeiterführung in Kitas ist eine äußerst anspruchsvolle Aufgabe, die sich „nicht einfach nebenbei" erledigt. Vor allem nicht an einem Arbeitsplatz, an dem jeder Tag anders ist und an dem so viele „Anspruchsgruppen" aufeinander treffen, die es – meist in der Doppelrolle als Leitung und Teamkollege/-in – zu managen gilt: die eigenen Mitarbeiter/-innen, die betreuten Kinder und deren Eltern sowie letztlich auch die Träger der Einrichtung. Mitarbeiterführung und Personalmanagement gehören also genauso zum Arbeitsalltag wie Beziehungsarbeit mit den Kindern und deren Eltern, Management der Bildung, Erziehung, Betreuung sowie natürlich auch Organisations- und Finanzmanagement, Verwaltungsaufgaben und Öffentlichkeitsarbeit. Außerdem wird das dafür notwendige Wissen und Können in der Ausbildung frühpädagogischer Fachkräfte kaum vermittelt. Deshalb ist „Kita-Leitung werden bzw. sein" nicht nur für sich genommen schon eine große Herausforderung.

Hinzu kommt, dass die Führung von Kita-Mitarbeiter/-innen, d. h. sie zu fordern und zu fördern, immer anspruchsvoller wird. Um diese Aufgabe erfolgreich zu meistern, braucht es viel angewandte Psychologie. Warum?

Und dafür werden die Basteltanten auch noch bezahlt?!

Die Frühpädagogik ist in der Krise – in einer gewaltigen Wertschätzungskrise. Das, was Kita-Leitungen und ihre Mitarbeiter/-innen durch ihre frühpädagogische Bildungsarbeit tagtäglich geben (und das inzwischen an der Belastungsgrenze) – nämlich den Kindern, Eltern, Kollegen/-innen, Trägern und letztlich unserer gesamten Gesellschaft –, bekommen sie nicht zurück, weder in Form von Anerkennung noch in Form von finanzieller Entlohnung. Gleichzeitig stehen auch die steigenden Leistungs- und Qualitätsansprüche an die frühpädagogische Bildungsarbeit, vor allem seitens der Eltern, Politik und Gesellschaft, einer fehlenden Unterstützung und Wertschätzung gegenüber. Der mittlerweile sprichwörtliche Vorschlag, die sog. „Schlecker-Frauen" zu Erziehern/-innen für den Einsatz in Kitas umzuschulen, spricht Bände. Entsprechend fühlen sich Kita-Leitungen und ihre Mitarbeiter/-innen kaum von der Politik unterstützt. Außerdem herrscht in den Köpfen unserer Gesellschaft nach wie vor das Bild der „Basteltante", die nicht viel zu können braucht, denn „Bollerwagen ziehen kann doch jede!", außerdem „beginnt das Lernen fürs Leben erst in der Schule", und gemütlich ist es am „Arbeitsplatz Kita" ja auch: „Den ganzen Tag mit Kindern spielen und Kaffee trinken – dafür werden die auch noch bezahlt?!" (■ Abb. 1.1).

Kita-Leitungen und ihre Mitarbeiter/-innen: unterschätzt und vernachlässigt

„Von der Gesellschaft unterschätzt, von der Politik vernachlässigt" – so lautet der vielsagende Titel und auch das Ergebnis der neuesten Studie zur Wertschätzung und Anerkennung von frühpädagogischen Fach- und vor allem Leitungskräften (Deutsche Kinderhilfe u. Wolters Kluwer Deutschland 2015). Dieses Ergebnis ist umso dramatischer, wenn man die zentrale Bedeutung von Kita-Leitungen und ihren Mitarbeiter/-innen für unsere Gesellschaft bedenkt. Kitas ermöglichen nicht nur Vereinbarkeit von Familie und Beruf, sondern sie sind

Abb. 1.1 „Dafür wird sie auch noch bezahlt?!“ (© Renate Alf)

letztlich die Wiege der Zukunft unserer Kinder und Gesellschaft. Kita-Leitungen und ihre Mitarbeiter/-innen sind nicht nur verantwortlich für die Bildung, sondern auch für die Erziehung und Betreuung unserer Kleinsten, und das auf höchstem Niveau. Mit ihrer frühpädagogischen Arbeit legen sie den Grundstein für das in unserer Gesellschaft immer wichtiger werdende „lebenslange Lernen“ bzw. für die weiteren (schulischen) Bildungserfolge von Kindern sowie die Entwicklung ihrer Alltagskompetenzen und Persönlichkeit.

Mütterlichkeit als Achillesferse der Fachlichkeit (und Wertschätzung)?

Die so wichtige und qualitativ hochwertige frühpädagogische Bildungs-, Erziehungs- und Betreuungsarbeit – geschweige denn die Leitungsarbeit der Kita-Leitungen! – scheint in unserer Gesellschaft kaum gesehen zu werden, und nur die Wenigsten wissen etwas Genaueres darüber. Möglicherweise liegt es an der „Produktlosigkeit“ frühpädagogischer Arbeit und die fehlende Transparenz und Information über die individuell und gesellschaftlich so wichtigen Leistungen der Kitas. Vielleicht können diese deshalb oftmals auch gar nicht gesehen werden. Erschwerend hinzu kommt die Problematik der „Mütterlichkeit als Achillesferse der Fachlichkeit“ (Ursula Rabe-Kleberg) in einem Berufsfeld, in dem überwiegend weibliche Beschäftigte tätig sind. Damit ist die enge Verbindung zwischen frühkindlicher Bildung und Weiblichkeit bzw. Mütterlichkeit gemeint, die nicht nur die Professionalisierung des Erzieherberufes, sondern auch seine Wertschätzungskrise verschärft: zum einen herrschen noch große Vorbehalte gegenüber der außerfamiliären Betreuung von Kindern unter drei Jahren; zum anderen wird die Weiblichkeit, oder gar die eigene Mutterschaft (!), weiterhin als vermeintliche Voraussetzung und besondere Qualifikation für den Erzieherberuf gesehen. Da diese berufliche Tätigkeit nach wie vor als „weibliche Tätigkeit“ gilt (wie die Hausarbeit und Kindererziehung), wird diese leider, ebenso wie jede andere „weibliche Tätigkeit“, immer noch nicht entsprechend gesehen und wertgeschätzt (Abb. 1.2).

Gratifikationskrise: zu viele Anforderungen für zu wenig Anerkennung

Und genau diese zu hohen Anforderungen und Belastungen auf der einen Seite und die zu wenige Anerkennung und Belohnung auf der anderen Seite haben zu einer Gratifikationskrise im Erzieherberuf

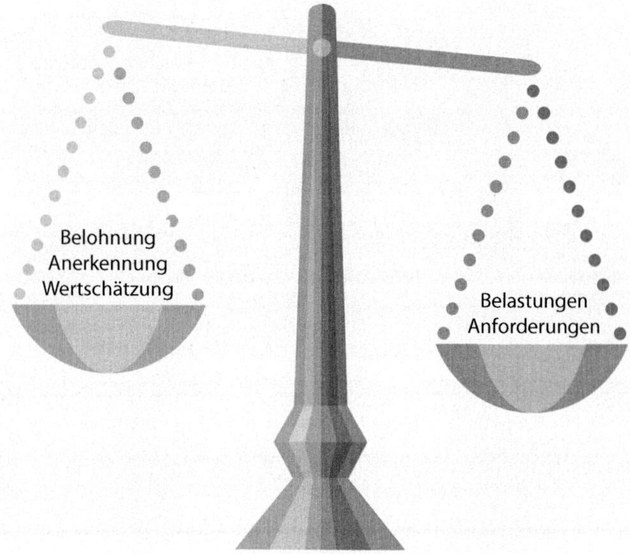

Abb. 1.2 Wertschätzungskrise in der Frühpädagogik

geführt. Darunter leiden nicht nur die Qualität in frühpädagogischen Bildungseinrichtungen, sondern auch die Kita-Leitungen und ihre Mitarbeiter/-innen – und zwar im Sinne ihrer Bindung an die Einrichtung (Problem: steigende Fluktuation!), ihrer Gesundheit (Problem: hohes Krankheits- und Burnout-Risiko!), ihrer Motivation und Zufriedenheit (Problem: sinkende Motivation und Zufriedenheit, innere Kündigung!).

Wertschätzung und Gehalt in Kitas: Geld ist nicht alles, oder doch?

Trotz der idealistischen Berufswahlmotive von Kita-Leitungen und ihren Mitarbeitern/-innen geht es bei dieser Wertschätzungs- bzw. Gratifikationskrise zwar nicht nur, aber eben auch, um (mehr) Geld. Die Kluft zwischen gefühlter und bezahlter Wertschätzung drückt sich für Kita-Leitungen und ihre Mitarbeiter/-innen natürlich auch im Gehalt aus. Schließlich ist es ein „harter Job", der immer anspruchsvoller wird (individuelle Erziehungsarbeit, frühkindliche Förderung, gesunde Ernährung, Integrationsarbeit, Entwicklung pädagogisch wertvoller Konzepte, Weiterbildung – um nur einige der vielen Facetten zu nennen), sich immer schneller verändert und auch dementsprechend entlohnt werden sollte. Obwohl dieser Beruf ähnlich anspruchsvoll ist wie die Arbeit in Grundschulen, wenn nicht sogar anspruchsvoller (Kita-Arbeit umfasst nicht nur Bildung, sondern auch Erziehung und Betreuung!), ist die Bezahlung viel schlechter. Die Mehrheit der Kita-Leitungs- und Fachkräfte sehen sich nicht angemessen honoriert. Zwar ist „Geld nicht alles" und macht auch alleine noch keine Arbeitszufriedenheit. Jedoch ist ein angemessenes Einkommen eine wichtige Form der Anerkennung und Wertschätzung für die erbrachten Arbeitsleistungen, und das nicht nur in Kitas (Abb. 1.3).

Abb. 1.3 Wertschätzung und Gehalt

Wenn nur das Fremdbild nicht wäre: Basteln, Spielen und Bollerwagen-Ziehen kann doch jede

Die wahrscheinlich größte Nicht-Wertschätzung für pädagogische Fachkräfte ist das in Bezug auf ihren Beruf stark auseinanderdriftende Fremdbild und Selbstbild. Der vermeintliche ganztägige „Bastel- und Spielespaß" sowie „Bollerwagen ziehen kann doch jede!" stehen als hartnäckige gesellschaftliche Vorurteile und Fremdbilder einem gesellschaftlich höchst verantwortungsvollen und wichtigen Beruf gegenüber, der zudem äußerst fordernd und belastend ist (Selbstbild). In Abb. 1.4 erzählen drei pädagogische Fachkräfte von ihren konkreten Erfahrungen zum Thema Selbst- vs. Fremdbild, und auch in Abb. 1.5 zeigt sich die leider so ungeheuerlich falsche Fremdwahrnehmung dieses so wertvollen und fordernden Berufs.

Außerdem verändert sich unsere Gesellschaft …

Die Wertschätzungskrise in der Frühpädagogik wird zusätzlich dadurch verschärft, dass sich unsere Gesellschaft verändert, und damit sowohl die frühpädagogischen Fachkräfte als auch die betreuten Kinder und deren Eltern. Dementsprechend steigen die Ansprüche, Anforderungen und auch die Belastungen am „Arbeitsplatz Kita". Denn Kita-Leitungen und ihre Mitarbeiter/-innen sind konfrontiert mit einer sich wandelnden Gesellschaft, die immer älter und weniger („demografischer Wandel") und gleichzeitig vielfältiger wird, d. h. die mehr und mehr geprägt ist von verschiedenen Kulturen, Sprachen, Religionen, Traditionen, Lebensstilen, Vorstellungen von Werten und Ethik („multikulturelle Gesellschaft"), die außerdem weiterhin geprägt ist von

Abb. 1.4 Fremd- und Selbstbild von Erziehern/-innen

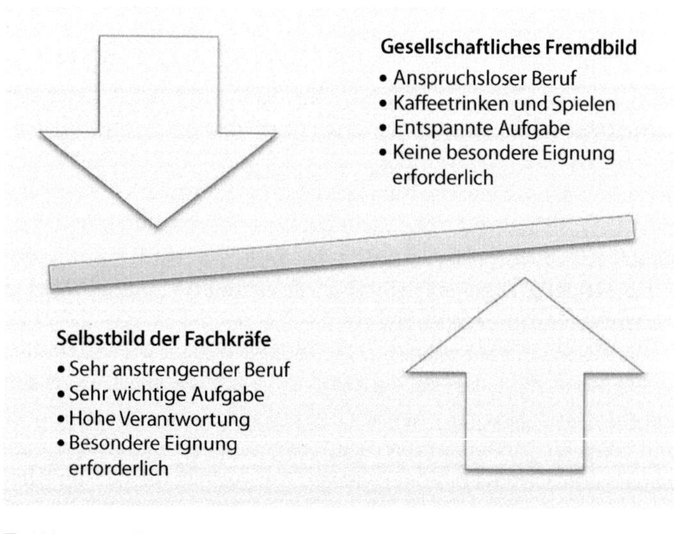

Abb. 1.5 Selbst- und Fremdbild des Erzieher/-innenberufes

Abb. 1.6 Kita und Gesellschaft heute

Leistung („Leistungsgesellschaft“), von einem wachsenden Einfluss und Stellenwert der (neuen) Medien („Mediengesellschaft“) und, nicht zu vergessen, von einem neuen Bild vom Kind (Abb. 1.6).

Kinder und Eltern als neue Anspruchsgruppen

Die heutigen Kinder fordern – ebenso wie ihre Eltern – die Kita-Mitarbeiter/-innen und ihre Leitungen viel mehr als früher. Letzteres ist keinesfalls zu vernachlässigen, wenn man bedenkt, dass Eltern (und nicht die Kinder!) den subjektiv größten Einfluss auf die tägliche Kita-Arbeit haben. Vor allem Kita-Leitungen verbringen einen entsprechend großen Teil ihrer Zeit mit der Beziehungsarbeit mit den Eltern. Jedenfalls haben sich beide, Eltern wie Kinder, vor allem in den letzten Jahren zu ganz neuen Anspruchsgruppen verändert.

Neue Eltern-Phänomene: „too good mothering“ und „Helikopter-Eltern“

Dies bezieht sich weniger auf die Kinder und Eltern aus sozial schwachen Milieus, sondern vielmehr auf die meist sehr gut ausgebildeten Mütter und Väter der Mittelschicht, die vom sog. „too good mothering“ betroffen sind. Diese, leider immer mehr werdenden, „zu guten Mütter und Väter“ überversorgen, überbehüten und überverwöhnen ihre Kinder, weil sie „nur das Beste“ wollen. Die Kinder werden zum Mittelpunkt der Familie, zum Lebensprojekt – mit dem leider meist gegenteiligen Effekt, dass ihnen dies eher schadet als gut tut. Ähnliches gilt für die sog. „Helikopter-Eltern“, die wie ein Helikopter um ihre Kinder herumfliegen und sie immer überwachen und bei ihnen sind. Aus diesem Erziehungsverhalten heraus, welches sich immer mehr verbreitet, entwickeln sich Kinder, die keine Grenzen kennen.

Neues Kinder-Phänomen: „enfants tyrans“

In Frankreich spricht man hierbei von der Entwicklung vom „enfant roi“ zum „enfant tyran“ – übersetzt heißt das: vom verwöhnten Kind zum sog. „Tyrannen-Kind“. Dass Kinder zu „Tyrannen“ werden, die jedes Bedürfnis erfüllt bekommen wollen und dafür schlaue Strategien entwickeln, ist jedoch nicht den Kindern geschuldet, sondern der Erziehung ihrer Eltern. Und diese „zu guten Mütter und Väter" sowie die „Helikopter-Eltern" mit ihren kleinen, grenzenlosen „Tyrannen" konfrontieren dann die Kita-Teams mit ganz neuen Herausforderungen.

„Too good mothering" und „enfants tyrans" – Wenn Eltern „zu gut" sein wollen und dabei Tyrannen erziehen

In der heutigen Zeit stellt man immer mehr das Phänomen des „too good mothering" fest. Kinder werden mehr und mehr überversorgt, überbehütet und überverwöhnt. Aus der Bindungsforschung wissen wir, wie wichtig eine sichere Bindung zwischen Kind und Mutter bzw. Vater ist. Dabei gilt aber nicht „je enger desto besser". Sondern besser ist es nach Winnicotts Modell der „good enough mother", wenn ein/e Mutter/Vater einfach nur „gut genug" ist.

Paradoxerweise schafft nämlich das „too good mothering" keine sichere, sondern eine unsichere Bindung zwischen Eltern und Kind. Es fördert nicht, sondern verhindert die Entwicklung des Kindes. Spätestens in der Kita wird das Kind mit Grenzen konfrontiert und muss schließlich in der Schule ganz selbstständig sein; bis dahin sollte es Frustrationstoleranz und Resilienz entwickelt haben, um alleine zurecht zu kommen. Auch ein entsprechendes Sozialverhalten, das Eingehen auf andere und Rücksichtnahme wird ein Kind einer „too good mother" nicht erlernen können, wenn es nicht losgelassen wird. Es wird eher zu einem gefühlskalten Tyrannen, der nur die Erfüllung der eigenen Bedürfnisse im Blick hat. Keinem Kind tut es gut, im kompletten Fokus zu stehen. Eltern sollten letztlich einfach ihr Leben weiterleben und ihr Kind an ihrer Seite mit leben lassen – ohne es zum unveränderlichen Mittelpunkt der Welt zu machen, denn das wird es in der großen Welt auch nicht sein …

Buchtipp!

- Hopkins J (1996) The dangers and deprivations of too-good mothering. Journal of Child Psychotherapy 22(3): 407–422
- Juul J (2006) Nein aus Liebe. Klare Eltern – starke Kinder. Kösel, München
- Winterhoff M (2008) Warum unsere Kinder zu Tyrannen werden. Oder: Die Abschaffung der Kindheit. Gütersloher Verlagshaus, Gütersloh

Führungsstärke für Kita-Leitungen

Angesichts der Wertschätzungskrise und der sie verschärfenden gesellschaftlichen Veränderungen brauchen Kita-Leitungen heute eine ganz besondere „Führungsstärke", um ihre Mitarbeiter/-innen sowie die in ihren Einrichtungen betreuten Kinder und deren Eltern erfolgreich durch die Wertschätzungskrise und den gesellschaftlichen Wandel zu führen. Kita-Leitungen spielen eine Schlüsselrolle in der Entwicklung der Bildungs-, Erziehungs- und Betreuungsqualität ihrer jeweiligen Einrichtung. Letztlich geht es darum – vor allem in Zeiten des Fachkräftemangels (laut der Bertelsmann Stiftung (2014) fehlen in Deutschland ca. 120.000 (!) pädagogische Fachkräfte in Vollzeit) –, die Mitarbeiter/-innen erfolgreich an die jeweilige Einrichtung zu binden, zu qualifizieren, gesund zu erhalten, zu motivieren und zufrieden zu machen. Denn nur qualifizierte, gesunde, motivierte und zufriedene Fachkräfte sichern und verbessern sowohl ein gutes „Leben und Arbeiten" am „Arbeitsplatz Kita" als auch, und nicht zuletzt, die Qualität der frühkindlichen Bildung, Erziehung und Betreuung in Krippe, Kindergarten und Hort, und zwar nachhaltig.

Was bedeutet das alles aber nun für Sie als Kita-Leitung? Wie können Sie, ganz konkret, mit dieser Wertschätzungskrise und den zusätzlichen Herausforderungen umgehen und diese in Ihrer Kita erfolgreich meistern? Das dafür notwendige Wissen über das „Was"? („know what") und „Warum"? („know why") finden Sie im Teil 2 des Buches („Wertschätzung als Erfolgsprinzip für die Kita-Leitung"), das dafür notwendige „Wie"? („know how") im Sinne der „5 Schritte zur erfolgreichen Kita-Leitung" finden Sie im Teil 3 des Buches („Von Wertschätzung zu Wertschöpfung": In fünf Schritten zur erfolgreichen Kita-Leitung). Wir wünschen Ihnen viel Spaß beim Lesen, Nachdenken und Ausprobieren!

Was wollen Kita-Mitarbeiter/-innen? Wertschätzung als Erfolgsprinzip für die Kita-Leitung

Wertschätzung in Kitas: Die Basics

Julia Hitzenberger, Susanne Schuett

J. Hitzenberger, S. Schuett *Mitarbeiterführung in Krippe, Kindergarten & Hort*,
DOI 10.1007/978-3-662-49108-9_2

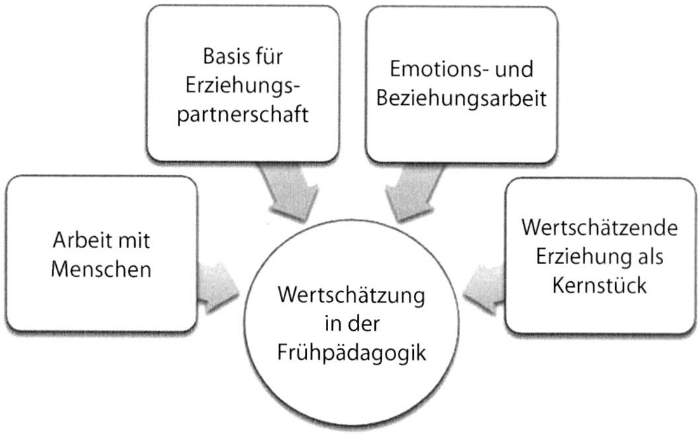

Abb. 2.1 Wertschätzung in der Frühpädagogik

Warum Wertschätzung in Kitas?

Warum sollten Sie sich als Kita-Leitung mit „Wertschätzung" beschäftigen? Was hat das Leiten einer Kita bzw. das Führen der Mitarbeiter/-innen mit Wertschätzung zu tun, werden Sie sich vielleicht fragen. Aus der (eigenen) Praxis und Forschung wissen wir, dass Wertschätzung eine besondere und zentrale Rolle in frühpädagogischen Bildungseinrichtungen spielt. Warum? Wertschätzung ist generell und überall wichtig – vor allem in der Arbeit mit Menschen, und noch vielmehr in der Bildung und Erziehung von Kindern. Nicht zu vergessen ist die Wertschätzung in der Zusammenarbeit mit den Eltern, die neben der Team- und Leitungsarbeit, höchste Empathie und Sensibilität erfordert.

Wertschätzung als Kernstück frühpädagogischer Arbeit

Die wertschätzende Erziehung gilt als Voraussetzung für Bindung und Bildung der Kinder. Deshalb ist auch ein wertschätzender Umgang aller Beteiligten so wichtig, nicht zuletzt auch aufgrund der Vorbildfunktion für die Kinder. Außerdem sollte Wertschätzung im Zentrum frühpädagogischer Bildungseinrichtungen stehen, da die Erzieher/-innen eng und empathisch mit Menschen zusammenarbeiten und permanent Emotions- und Beziehungsarbeit leisten müssen. Wertschätzung ist die Basis für eine funktionierende Erziehungspartnerschaft, und eine wertschätzende Erziehung ist das Kernstück frühpädagogischer Arbeit (Abb. 2.1).

Wenn es Ihren Mitarbeitern/-innen gut geht, geht es auch den Kindern gut

Ihre Mitarbeiter/-innen benötigen Wertschätzung, damit es Ihnen gut geht und sie zufrieden sind und mit Freude zur Arbeit gehen – und wenn es Ihren Mitarbeiter/-innen gut geht, geht es auch den Kindern in Ihrer Kita gut. Wertgeschätzte Mitarbeiter/-innen können sich wohlwollend und liebevoll auf die Beziehungs- und Bildungsarbeit einlassen und die Kinder mit derselben Wertschätzung bilden, erziehen und betreuen, die sie auch selbst bekommen.

Was ist Wertschätzung in Kitas und was bewirkt sie?

Doch was verstehen Kita-Mitarbeiter/-innen genau unter Wertschätzung? Grundsätzlich verbinden die meisten Menschen mit

Wertschätzung Lob und Anerkennung. Jedoch haben die meisten ein ganz individuelles Verständnis davon, was Wertschätzung ist und was sie mit ihnen macht. In diesem Buch möchten wir vor allem darauf eingehen, was Mitarbeiter/-innen in Kindertagesstätten in ihrer täglichen Arbeit als Wertschätzung verstehen.

Wertschätzung kann vieles sein und vieles bewirken

Auch in der Wissenschaft ist man sich im Übrigen nicht einig, was genau Wertschätzung eigentlich ist. Nachfolgend möchten wir Ihnen einen kurzen Einblick geben, was demnach Wertschätzung alles sein und bewirken kann: Nach Wettstein (2011) kann Wertschätzung zwei Formen annehmen, nämlich sowohl eine persönliche Kompetenz als auch ein kulturelles Element sozialer Systeme (wie eine Unternehmensphilosophie). Nach Rogers (1972) ist Wertschätzung unbedingt und positiv und eng mit dem Begriff der Empathie verbunden. Jemanden wertschätzen bedeutet, sich empathisch in die Empfindungen der/s Anderen einzufühlen und sie/ihn – unabhängig von allem – zu respektieren. Wertschätzung ist die Grundvoraussetzung für eine gesunde Persönlichkeitsentwicklung, Selbstakzeptanz und eine positive Kommunikation. Im Alltag fördert sie Selbstentfaltung, das persönliche Wachstum und die psychische Gesundheit. Nach Honneth (1992) ist Wertschätzung „soziale Anerkennung" und eine Voraussetzung für die persönliche Identitätsentwicklung und die Entwicklung von sozialen Beziehungen. Nach Maslow (1968) ist Wertschätzung ein zentrales Bedürfnis der menschlichen Bedürfnispyramide und eng mit sozialer Anerkennung, Status, Respekt, Erfolg und Einfluss verbunden; sie bestimmt das Selbstwertgefühl eines Menschen. Auch nach Matyssek (2011) ist Wertschätzung ein menschliches Grundbedürfnis: „Einen Menschen in seinen Fähigkeiten, Bedürfnissen und Leistungen wahrnehmen, das Positive an ihm entdecken und in ihm wecken – die wohlwollende Betrachtung des anderen in seiner Einzigartigkeit: Das ist Wertschätzung."

Wertschätzung als Basis von Erziehung, Bildung und Selbstwertgefühl

Wertschätzung spielt z. B. auch im bayerischen Bildungs- und Erziehungsplan eine zentrale Rolle: „Bildung und Erziehung sind ein auf Dialog ausgerichtetes Geschehen, in dem sich Kinder und Erwachsene als Partner respektvoll begegnen. Erwachsene bringen dem Kind bedingungslose Wertschätzung entgegen und nehmen es in seinen Äußerungen und Gestaltungsmöglichkeiten ernst. Ihre Verantwortung zeichnet sich durch feinfühlige und liebevolle Zuwendung, klare Erwartungen, anregende Impulse, angemessene Unterstützung und reflektierende Beobachtung des Kindes aus." Demnach dient Wertschätzung als Mittel zur Erreichung der Erziehungsziele, wie die Anerkennung verschiedener Kulturen im Bereich interkultureller Bildung, die Ausbildung eines gesunden Selbstwertgefühls sowie eine geschlechtsbewusste Erziehung. Hier wird auch wie bei Rogers deutlich, dass Wertschätzung eng mit Selbstwertschätzung und Selbstachtung zusammenhängt. So benötigen Kinder zunächst Anerkennung von Eltern und Bezugspersonen, um ein gesundes Selbstwertgefühl entwickeln zu können. Zudem weisen viele Studien darauf hin, dass Menschen, die sich selbst wertschätzen, Wertschätzung besser annehmen können als Personen, die sich selbst nicht genug achten.

Abb. 2.2 Was ist Wertschätzung in der Kita?

Was bedeutet Wertschätzung für Sie persönlich?

Nun werden Sie sich fragen, was das alles für Ihre Kita und Ihre Mitarbeiter/-innen bedeutet? In Abb. 2.2 beantworten drei pädagogische Fachkräfte die Frage, was für sie Wertschätzung in der Kita ist. Für die Erzieherin links ist Wertschätzung ein zugewandter Umgang miteinander. Sie spürt Wertschätzung, wenn ihr jemand gegenüber offen, wohlwollend und freundlich begegnet. Es geht um die ganze Haltung einer Person. Für den Erzieher in der Mitte bedeutet Wertschätzung Toleranz und Akzeptanz von Anderssein. Für die Erzieherin rechts im Bild bedeutet Wertschätzung wiederum Respekt und Interesse für die/den Anderen. Dazu gehört auch ehrliches Feedback, Lob und Kritik. Auch die Grenzen der/des Anderen zu akzeptieren, sei für sie Wertschätzung. Sie sehen, Wertschätzung kann vieles sein und für jede/n Kita-Mitarbeiter/-in etwas anderes bedeuten. Was bedeutet Wertschätzung für Sie persönlich?

Der Baum der Wertschätzung

Aus Forschung und Praxis wissen wir, dass Wertschätzung in Kitas vier zentrale Bedeutungen hat, nämlich: Anerkennung von Vielfalt, Haltung, Kommunikation und Grenzakzeptanz. Der nachfolgend abgebildete Baum der Wertschätzung (Abb. 2.3) veranschaulicht das System der Wertschätzung in Kitas. Die Wurzeln symbolisieren Haltung und Werte, während der Stamm die Art, wie Wertschätzung gegeben wird (nämlich durch Kommunikation und Mitarbeiterführung), darstellt. Die Äste zeigen konkret, durch welche Handlungen Ihre Kita-Mitarbeiter/-innen Wertschätzung spüren – nämlich durch Interesse, Wahrnehmung, Empathie, Grenzakzeptanz und die Anerkennung von Vielfalt.

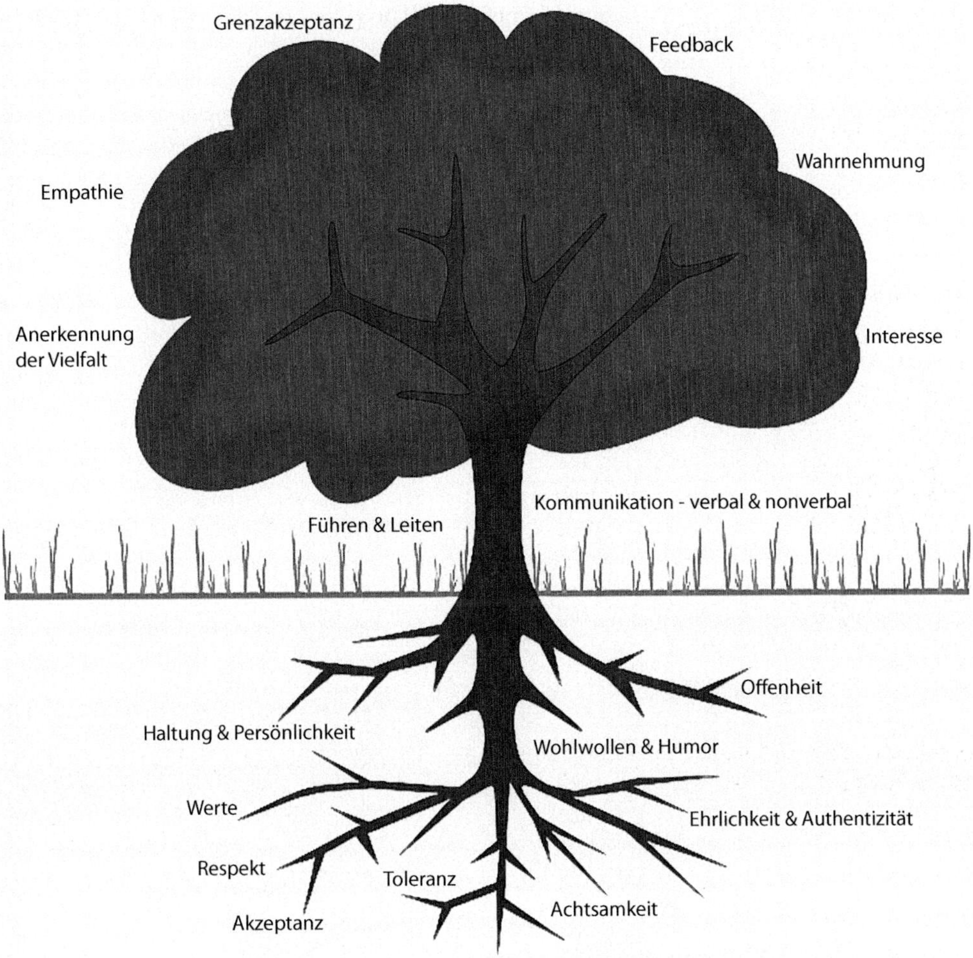

Abb. 2.3 Der Baum der Wertschätzung

Haltung, die Wurzel der Wertschätzung

Gehen wir nochmal zurück den Wurzeln, dem Allerwichtigsten, wenn es um Wertschätzung in der Kita geht – nämlich die Haltung. Mit der Haltung steht und fällt alles. Wenn die Haltung nicht stimmt und nicht als ehrlich empfunden wird, dann können Sie noch so viel kommunizieren und sagen. Ihre Mitarbeiter/-innen werden es nicht annehmen (können). Eine Person, die Wertschätzung lebt, hat eine Haltung und eine Persönlichkeit, für die Respekt, Toleranz und Akzeptanz maßgeblich sind. Zudem sind es Offenheit, Wohlwollen und Humor, Ehrlichkeit und Authentizität sowie Achtsamkeit, die ganz ehrlich und wirklich empfunden werden müssen. Jede/r spürt sofort, ob es sich um echte Wertschätzung und um eine authentische und respektvolle Haltung handelt.

Wertschätzung ist vor allem Anerkennung der Vielfalt

Wertschätzung im Sinne der Anerkennung der Vielfalt bedeutet Akzeptanz, Toleranz und Respekt gegenüber jedem Menschen. Sowohl Erwachsene als auch Kinder sollten in ihrer Eigenheit und Besonderheit so angenommen werden, wie sie sind. Damit ist gemeint, nicht zu werten bzw. abzuwerten, weil beispielsweise jemand andere Werte oder Verhaltensweisen hat als man selbst. Es geht dabei darum, im Team, bei den Eltern und den Kindern Anderssein und Unterschiedlichkeiten gleichsam wertzuschätzen und die Vielfalt anzuerkennen statt sie in verschiedene Wertstufen einzuteilen und damit Abwertungen vorzunehmen. Wichtig ist pädagogischen Fachkräften, dass man offen und ehrlich aufeinander zugeht, sowohl im Team als auch in der Zusammenarbeit mit den Eltern.

Die Fabel der sieben blinden Mönche

Die Anerkennung der Vielfalt in der Kita erklärt auch eine alte indische Fabel, in der sieben junge blinde Mönche wissen möchten, wie ein Elefant aussieht. Um dies herauszufinden, werden sie alle an eine andere Stelle des Elefanten gesetzt: Ein Mönch befühlt das Ohr, einer den Rücken, einer den Schwanz, einer den Rüssel und wieder ein anderer den Fuß des Elefanten. Nachdem alle Mönche den Elefanten an ihrer Stelle erkundet hatten, wurden sie gefragt, wie denn nun ein Elefant aussieht. Wie Sie sich vorstellen können, gab es die unterschiedlichsten Antworten: „Wie ein welkes Blatt!" sagte der, der am Ohr saß; „Wie ein hoher Berg!", meinte der Mönch auf dem Rücken; „Wie eine Schlange!", sagte der Mönch am Rüssel; „Wie ein Baum!", meinte der am dicken Fuß sitzende Mönch (■ Abb. 2.4).

■ **Abb. 2.4** Die Fabel der sieben blinden Mönche (© Waltraut E. Doering)

Die Geschichte zeigt, dass jeder der sieben Mönche durch seine eigene individuelle Erfahrung eine andere Schlussfolgerung zieht. Dadurch hat jeder Mönch seine eigene Wahrheit erkannt, keine davon ist aber richtiger oder falscher als die der anderen Mönche, denn jeder hat Recht.

Übertragen Sie diese Geschichte nun auf Ihre Kita und Ihr Team: Sie werden vielleicht feststellen, dass auch in Ihrer Kita viele unterschiedliche Persönlichkeiten und Menschen sind, die alle von Ihnen dort abgeholt werden müssen, wo sie stehen. Und wenn Sie jede/n in ihrer/seiner Individualität wertschätzen, kann jede/r ihren/seinen individuellen wertvollen Beitrag zum Leben und Arbeiten in der Kita besser leisten. Lassen Sie sich bewusst auf den Dialog der Diversität ein, und öffnen Sie sich für andere Vorstellungen und Einstellungen.

Buchtipp!
Baltscheit M (2011) Die Elefantenwahrheit. Kinderbuchverlag Wolff, Frankfurt

Wertschätzung heißt Feedback geben – Lob wie Kritik

Neben der Ihrer Haltung ist das zentrale Mittel der Wertschätzungsvermittlung die Kommunikation, verbal und nonverbal. Dabei spielen vor allem Feedback in Form von Lob und Kritik sowie das Wahrnehmen und Interesse-Zeigen eine große Rolle – im Sinne von: Ihre Mitarbeiter/-innen sind es Ihnen wert, sich für sie zu interessieren und mit ihnen zu kommunizieren. Offenheit, Wohlwollen, Humor, Achtsamkeit, Ehrlichkeit und Authentizität sind dabei zentral.

Wertschätzung heißt Grenzen und Regeln einhalten

Wertschätzung in der Kita bedeutet auch das Wahrnehmen und Respektieren von Grenzen. In keinem anderen Berufsfeld spielen Grenzen eine so große Rolle. Vor allem Sie als Leitung werden das kennen: Jede/r will etwas von Ihnen – die Mitarbeiter/-innen, die Eltern, die Kinder oder der Träger. Insbesondere angesichts der steigenden Ansprüche und Anforderungen ist es wichtig, dass Grenzen anerkannt und gesetzt werden. Wenn eine Mutter immer wieder den Raum betritt, obwohl gerade der Morgenkreis stattfindet, wird das von Ihren Mitarbeitern/-innen als wenig wertschätzend empfunden. Wenn Eltern nicht sehen, was in der Kita geleistet wird und sich ständig beschweren und ständig Gespräche und Sonderbehandlungen einfordern, obwohl es noch 24 andere Kinder bzw. Eltern in der Gruppe gibt, dann werden Grenzen überschritten. Ihre Kita-Mitarbeiter/-innen fühlen sich wertgeschätzt, wenn ihre Grenzen und Regeln akzeptiert und nicht permanent verletzt werden.

Wertschätzung steckt an

Nicht zu vergessen ist, dass Wertschätzung im frühpädagogischen Arbeitsfeld gegen- und wechselseitig erlebt wird. Es ist nahezu unmöglich, dass die/der Eine wertschätzt und die/der Andere eben nicht. Wertschätzung braucht immer zwei, und außerdem steckt Wertschätzung an.

Wertschätzung findet auf unterschiedlichen Ebenen statt

Wertschätzung wird von Kita-Mitarbeitern/-innen zudem auf unterschiedlichen Ebenen wahrgenommen. Es gibt immer einen Sender und einen Empfänger der Wertschätzung: In der Kita können Mitarbeiter/-innen entweder durch die Gesellschaft, durch Eltern,

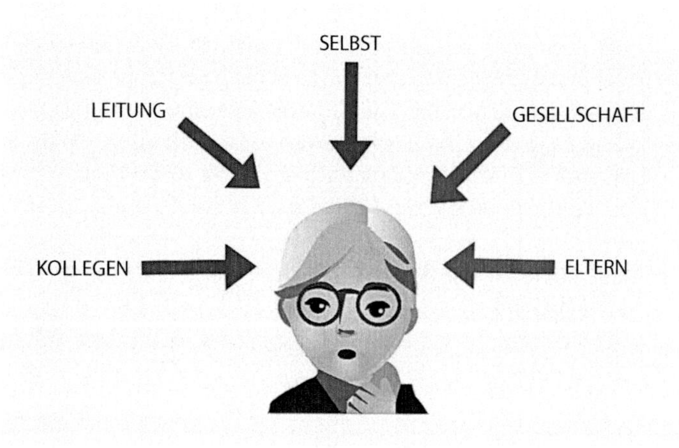

Abb. 2.5 Dimensionen von Wertschätzung in der Kita

durch die Leitung, durch Kollegen/-innen oder aber auch durch sich selbst Wertschätzung in positiver oder auch negativer Ausprägung empfinden (Abb. 2.5). Die Details dazu erfahren Sie in den nachfolgenden Kapiteln 3–6.

Was macht Wertschätzung mit Ihren Mitarbeitern/-innen?

Doch was macht Wertschätzung mit Ihren Mitarbeitern/-innen? Was sind ihre Effekte, was ist der Nutzen? Wertgeschätzte Kita-Mitarbeiter/-innen sind motivierte und zufriedene Mitarbeiter/-innen, die gerne an den Arbeitsplatz Kita kommen, ihre Arbeit mit viel Einsatz und Engagement erledigen und nachhaltig an Ihre Kita gebunden sind. Außerdem: Wenn es Ihren Mitarbeitern/-innen gut geht, dann geht es auch den bei Ihnen betreuten Kindern gut, wodurch wiederum die Qualität der pädagogischen Arbeit verbessert wird. Motivierte Mitarbeiter/-innen entwickeln sich weiter und verbessern ihre Kompetenzen, was sich in der Leistungsqualität Ihrer Kita zeigt. Persönliche Anerkennung und Wertschätzung beeinflussen das neurobiologische Motivationssystem, was auch die neuesten neurobiologischen Studien bestätigen.

Wertschätzung bewirkt bei jeder/m etwas anderes, aber immer etwas Positives

Doch Wertschätzung macht mit jeder/m Kita-Mitarbeiter/-in etwas anderes, jedoch immer etwas Positives. Drei Fachkräfte teilen wieder Ihre Ansichten mit uns (Abb. 2.6). Die Erzieherin links erzählt, dass sie gleich zu strahlen anfängt, wenn sie wertgeschätzt wird. Es tut ihr gut und ist ein schönes Gefühl, es macht sie zufrieden und motiviert sie, sich noch mehr in die Arbeit einzubringen. Kraft und Freude schöpft der Erzieher in der Mitte aus Wertschätzung. Er bekommt das Gefühl, dass endlich jemand sieht, was er leistet! Der Erzieherin rechts im Bild macht die Arbeit richtig Spaß, wenn sie merkt, dass es eine gute Stimmung gibt und sie von den Kollegen/-innen gemocht und ihre Arbeit geschätzt wird. Sie blüht dann richtig

Abb. 2.6 Was macht Wertschätzung mit mir?

auf in ihrem Job. Insgesamt wirkt sich Wertschätzung durchweg positiv auf die Arbeitszufriedenheit und Leistung aus. Und was macht Wertschätzung mit Ihnen?

Nicht geschimpft ist schon genug gelobt?!

Viele Kitas leben nach der Devise „Nicht geschimpft ist schon genug gelobt". Wenn Ihre Mitarbeiter/-innen das Gefühl bekommen, dass sie strukturell nicht genug oder gar nicht gelobt und wertgeschätzt werden, wirkt sich das äußerst negativ auf ihre Arbeitsmotivation und Zufriedenheit aus. Auch Kritik kann Schuld- und Schamgefühle erzeugen, wenn sie nicht angemessen empathisch und einfühlsam formuliert wird. Bleibt Wertschätzung langfristig aus, kann es zu einer der größten Motivationsbremsen, zu Unzufriedenheit und letztlich zur Kündigung führen. Fehlende Wertschätzung kann zum sog. „tödlichen Cocktail" für Ihre Mitarbeiter/-innen werden: „Die Unternehmen werden immer effizienter, Mitarbeiter/-innen wie Vorgesetzte geraten immer stärker unter Druck. Und für Anerkennung bleibt immer weniger Zeit. Effektiver kann man eine Organisation nicht sauer fahren" (Laudenbach 2008). Während ein autoritärer und kontrollierender Führungsstil dazu führt, dass sich Mitarbeiter/-innen langsam aber sicher von der Organisation abwenden, sorgt Wertschätzung für pure Antriebsenergie, Motivation und Wohlbefinden (Abb. 2.7). Je mehr Anerkennung ein Team bekommt, desto mehr bringen sich die Mitglieder ein und arbeiten mit Freude und Selbstständigkeit am Arbeitsplatz Kita.

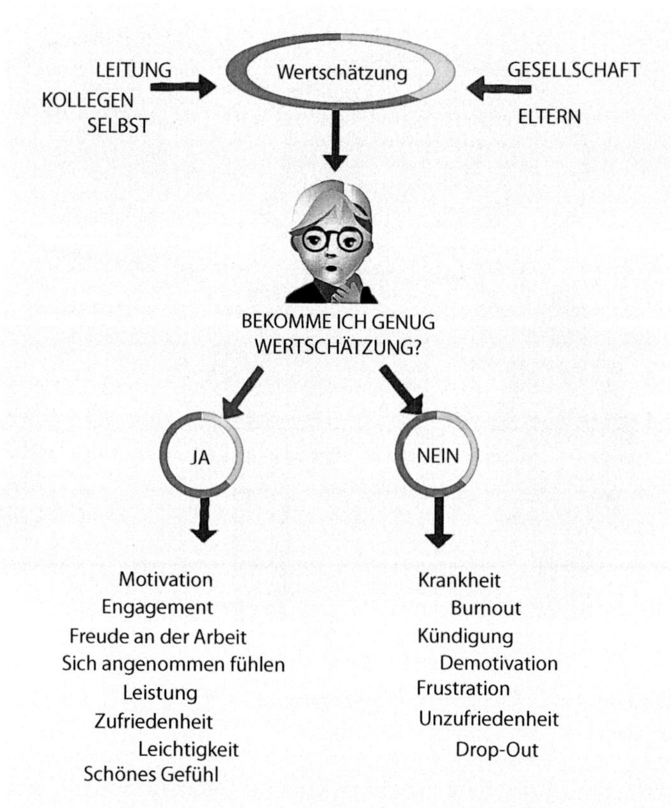

Abb. 2.7 Wirkungen von Wertschätzung. Was Wertschätzung mit Ihren Mitarbeitern/-innen macht

Die Kunst der Wertschätzung

Wie Sie sich die „Kunst der Wertschätzung" auf den verschiedenen Wertschätzungsebenen – Wertschätzung von der Leitung, von den Teamkollegen/-innen, von den Eltern und von sich selbst (Selbstwertschätzung) – für Ihre Kita aneignen bzw. Wertschätzung erfolgreich umsetzen können, erfahren Sie in den nächsten Kapiteln 3–6.

Wertschätzung von der Leitung: Wertschätzende Führung

Julia Hitzenberger, Susanne Schuett

J. Hitzenberger, S. Schuett *Mitarbeiterführung in Krippe, Kindergarten & Hort*,
DOI 10.1007/978-3-662-49108-9_3

3.1 Jede/r Mitarbeiter/-in zählt

Wertschätzende Führungskultur

Das Wichtigste für Kita-Mitarbeiter/-innen ist die Wertschätzung von der Kita-Leitung, d. h. von Ihnen. Sie spielen als Leitung die Schlüsselrolle. An Ihnen orientieren sich alle Ihre Mitarbeiter/-innen. Was Sie sagen und was Sie tun, hat Gewicht. Ihre Mitarbeiter/-innen wünschen sich von Ihnen eine ganz besondere Wertschätzung. Primär geht es um das Leben einer wertschätzenden Führungskultur, die daraus besteht, die (1) Vielfalt in Ihrem Team anzuerkennen und wertzuschätzen, (2) wertschätzend zu kommunizieren und (3) durch Partizipation und Vertrauen zu führen (◘ Abb. 3.1).

Anerkennung der Vielfalt im Team

Wertschätzung von der Leitung bzw. wertschätzende Führung bedeutet, alle Mitarbeiter/-innen gleichermaßen anzuerkennen und wertzuschätzen im Sinne: „Jede/r Mitarbeiter/-in zählt und ist wichtig!" Doch wie können Sie die Vielfalt im Team anerkennen und wertschätzen? Noch dazu werden aufgrund des gesellschaftlichen Wandels die Kita-Teams immer vielfältiger: unterschiedliche Alter, Ausbildungsbiografien, kulturelle Hintergründe sowie Bildungs-, Erziehungs- und Betreuungsstile sind an der Tagesordnung. Letztlich geht es darum, eine Haltung der Toleranz, der Akzeptanz, des Respekts und der Neutralität anzunehmen. Sie als Leitung sollten dementsprechend jede/-n Mitarbeiter/-in gleichermaßen wertschätzen, unabhängig von persönlichen Vorlieben. Kita-Mitarbeiter/-innen wünschen sich, so akzeptiert zu werden, wie sie sind – mit all ihren Schwächen und Stärken.

Die Do's und Don'ts der Anerkennung der Vielfalt im Team

In der ◘ Abb. 3.2 sehen sie zwei Kita-Leitungen, die unterschiedlicher Auffassungen sind, was die Anerkennung eines vielfältigen Teams betrifft. Die Kita-Leitung links im Bild zeigt Ihnen, wie Sie es nicht machen sollten: Sie erzählt, dass sie alle Mitarbeiter/-innen im Team selbstverständlich nicht gleich behandelt. Denn diejenigen, die länger dabei sind, hätten auch mehr zu sagen. Hier haben Sie ein Beispiel dafür, wie Sie Ihr Team unzufrieden machen können. Denn mit dieser Haltung fühlen sich vielleicht die Mitarbeiter/-innen wertgeschätzt, die etwas zu sagen haben, weil sie länger dabei sind. Aber die anderen Mitarbeiter/-innen fühlen sich wie Zweite-Klasse-Mitarbeiter/-innen, geringgeschätzt und abgewertet. So entsteht eine Hierarchie, in der kein/e Mitarbeiter/-in lange arbeiten möchte. Betrachten wir im Gegensatz dazu die Leitung rechts – so sollten Sie es machen: Sie ist der Meinung, dass jede/r ihrer Mitarbeiter/-innen anders ist, aber gleich viel wert. Das ist Anerkennung der Vielfalt: Egal welches Alter, welche Kultur, welche Herkunft, welche Persönlichkeit und welche Ausbildung Ihre Mitarbeiter/-innen haben: Jede/r hat einen gleichwertigen Platz im Team und wird von Ihnen gleichwertig behandelt!

Neutral, individuell und gerecht führen

Wenn Sie wertschätzend führen, bevorzugen Sie keine Mitarbeiter/-innen und benachteiligen andere. Sie behandeln alle als gleichwertig. Ihre Mitarbeiter/-innen werden besonders unzufrieden, wenn Sie nicht alle Mitarbeiter/-innen gleich behandeln und manche eine Sonderrolle innehaben. Es soll Leitungen geben, die im Team ihre Vertrauenspersonen haben, die bei jeglichen Entscheidungen

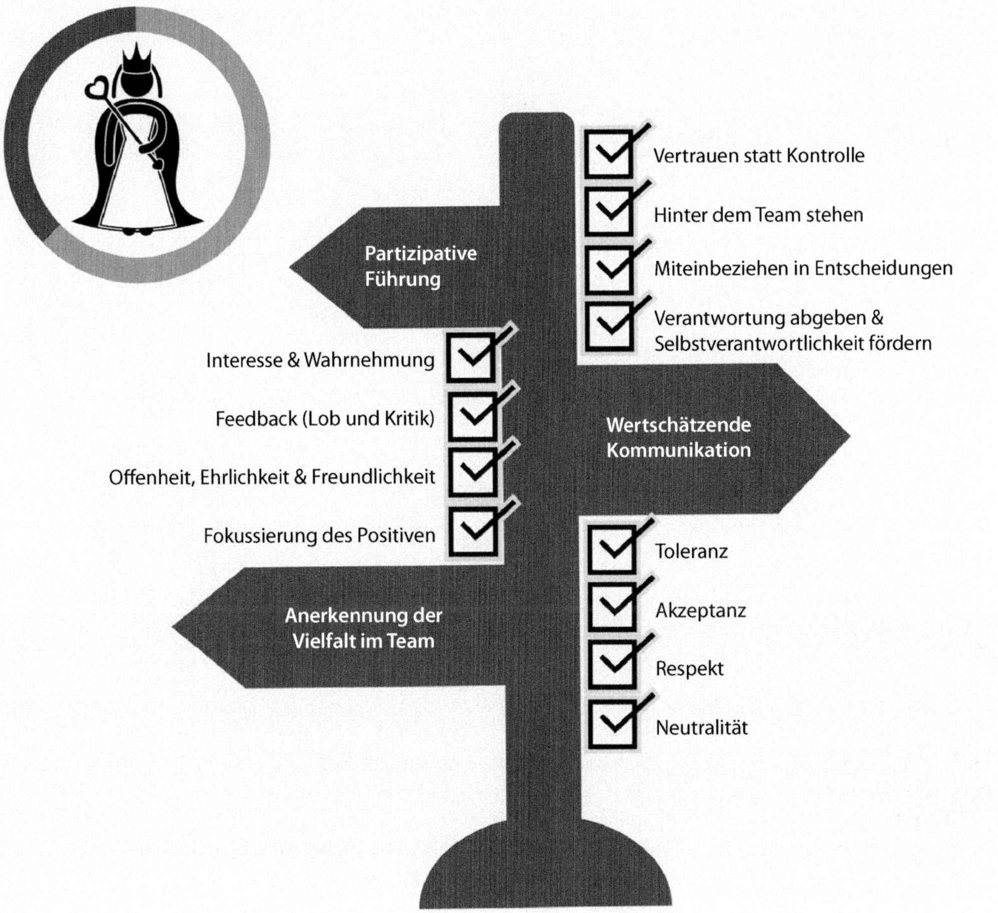

Abb. 3.1 Wertschätzende Führungskultur

herangezogen werden. Oftmals weiß das ganze Team über diese besonderen Verbindungen Bescheid, was natürlich zu großem Unmut führt. Denn besonders wertgeschätzt fühlt sich dann von den anderen Teammitgliedern niemand mehr, wenn man weiß, dass es ein „Lieblingskind" im Team gibt. Wenn Sie ein Team möchten, in welchem sich alle wertgeschätzt fühlen, dann achten Sie mit Feingefühl darauf, alle gleichberechtigt zu behandeln, selbst wenn es Ihnen schwer fällt. Wertschätzend zu führen bedeutet, dass Sie die Vielfalt in Ihrem Team als Ganzes und gleichzeitig jede/n Mitarbeiter/-in individuell anerkennen. Jede/r ist anders und hat andere Bedürfnisse, welche Sie als Leitung berücksichtigen sollten. Wenn Sie wissen, wie jede/r Mitarbeiter/-in tickt, was sie/ihn ausmacht und was sie/er braucht, können Sie gleichzeitig individuell führen und alle Mitarbeiter/-innen gleichwertig in ihrer Vielfalt anerkennen!

Abb. 3.2 Jede/r Mitarbeiter/-in zählt

3.2 Kommunikation, Kommunikation, Kommunikation

Kommunikation und Interesse sind das A und O

Eine wertschätzende Kita-Leitung kommuniziert wertschätzend. Die wertschätzende Kommunikation stellt den Kern wertschätzender Führung dar. Kommunikation transportiert Wertschätzung, und mit Interesse beginnt die Wertschätzung. Denn erst müssen Sie sich dafür interessieren, was Ihre Mitarbeiter/-innen tun, was sie können und leisten und was sie im Speziellen ausmacht. Wenn Sie ihnen Ihr Interesse zeigen, nachfragen und ehrlich zuhören, vermittelt das Ihren Mitarbeitern/-innen Wertschätzung. Ihr Team wünscht sich von Ihnen als Leitung, gesehen zu werden. Sie sollten Stärken wie Schwächen kennen und ein entsprechend offenes und ehrliches Feedback geben. Feedback ist ein Weg, um das, was sie tatsächlich von Ihren Mitarbeitern/-innen denken und wissen, auch zurück zu spiegeln und für sie transparent zu machen. Oftmals sind Führungskräfte mit ihren Mitarbeitern/-innen sehr zufrieden. Jedoch wissen dies diejenigen, die es betrifft, meist nicht, weil es ihnen nie gesagt wird. Damit geht wichtige Wertschätzung verloren. Es genügt oft schon ein morgendliches kurzes Gespräch, ein Nachfragen über das Befinden oder etwas zu thematisieren, von dem Sie wissen, dass es für die/den Mitarbeiter/-in wichtig ist.

Abb. 3.3 Kommunikation, Kommunikation, Kommunikation

Die Do's und Don'ts der wertschätzenden Kommunikation

Betrachten wir in der Abb. 3.3 wieder zwei unterschiedliche Ansichten zum Thema Kommunikation. Wie Sie es nicht machen sollten, zeigt uns die Leitung links: Diese ist zufrieden, wenn ihre Kita läuft, und ist der Meinung, dass ihre Mitarbeiter/-innen schon von alleine wissen, dass ihre Arbeit für die Leitung in Ordnung ist. Von loben hält sie nicht viel! Anders verhält es sich bei der Leitung rechts, der es am Herzen liegt, dass ihre Mitarbeiter/-innen sich wohl fühlen und zufrieden sind. Deshalb interessiert sie sich für jede/n einzelne/n Mitarbeiter/-in, kennt die Schwächen und Stärken und gibt regelmäßiges Feedback. Dabei hält sie einen freundlichen und höflichen Umgangston für besonders wichtig. Wertschätzende Kommunikation funktioniert allerdings nur, wenn sie auf einer aufrechten Haltung basiert und aus ehrlichem, authentischem Interesse heraus entsteht. Man kann von einem Kreislauf wertschätzender Kommunikation sprechen: Über das Interesse wird von der Leitung gesehen und wahrgenommen, was die Mitarbeiter/-innen leisten; dies wird dann auch rückgemeldet und zeigt sich in einem entsprechenden Verhalten, wie beispielsweise Verantwortung abzugeben. Darüber entsteht Vertrauen und Sicherheit und wieder erneutes Interesse – und Mitarbeiter/-innen fühlen sich wertgeschätzt und sind zufrieden und motiviert!

Positives loben und wertschätzend kritisieren

Fehl am Platz ist auch defizitorientiertes Handeln im dem Sinne, dass mit den Mitarbeitern/-innen nur das, was nicht gut läuft, thematisiert wird. Das, was gut läuft, wird nicht gesehen und gelobt. Dabei ist es frühpädagogischen Fachkräften wichtig, dass nicht nur das Negative, sondern auch das Positive gesehen und besprochen wird. Wichtig ist auch, Lob von den Eltern an die jeweiligen Mitarbeiter/-innen weiterzugeben. Ebenso wird das Angebot von Mitarbeitergesprächen als Wertschätzung verstanden, wenn dort sowohl Positives als auch Negatives thematisiert und reflektiert werden und gezeigt wird, was man gut macht, und generell dafür gelobt wird, dass man gute Arbeit leistet. Kritik oder Probleme sollten von der Leitung dabei in einem wertschätzenden und freundlichen Ton angesprochen werden; dies ermöglicht eine nachhaltige Konfliktlösung.

3.3 Ohne Mitarbeiterbeteiligung ist alles nichts

Beteiligen, Verantwortung übertragen, vertrauen

Der dritte Pfeiler der Wertschätzung von der Leitung ist die Mitarbeiterbeteiligung und die partizipative Führung. Fachkräfte in der Kita wünschen sich nichts mehr, als teilhaben zu dürfen und beteiligt zu werden, indem sie sich einbringen und mitentscheiden dürfen. Beteiligung und das Übertragen von Verantwortung macht Ihre Mitarbeiter/-innen zufrieden und motiviert. Nicht nur werden sich Ihre Mitarbeiter/-innen wertgeschätzt fühlen, auch Sie profitieren davon, da Sie Aufgaben und Verantwortung abgeben können und die Selbstständigkeit und Selbstverantwortung Ihrer Mitarbeiter/-innen fördern. Partizipative Führung heißt zudem: Vertrauen statt kontrollieren! Hinter dem Team stehen!

Die Do's und Don'ts der Mitarbeiterbeteiligung

Wie zwei Leitungen zur Mitarbeiterbeteiligung stehen, sehen Sie in ◘ Abb. 3.4. Die Leitung links zeigt wieder, wie Sie es nicht machen sollten: Sie trifft Entscheidungen grundsätzlich alleine, da sie schließlich die Leitung ist. Sie ist der Meinung, ihre Mitarbeiter/-innen kontrollieren zu müssen, damit sie gute Arbeit leisten. Sie steht zudem mehr hinter den Eltern als hinter ihrem Team. Ganz anders die Leitung rechts im Bild: Sie ist der festen Überzeugung, dass sie ihre Mitarbeiter/-innen in Entscheidungen mit einbinden muss. Sie gibt ihnen Verantwortung und vertraut ihnen Aufgaben an statt sie zu kontrollieren. Das Wichtigste ist für sie aber, hinter ihrem Team zu stehen. Denn erst dann kann es gute Arbeit leisten. Diese Leitung macht es richtig und lebt eine partizipative Führung: Wenn Mitarbeiter/-innen partizipieren und Verantwortung übernehmen dürfen, bekommen sie das Gefühl, dass ihnen die Leitung vertraut, und vor allem ihrer Fachkompetenz vertraut. Professionelles Vertrauen spielt bei pädagogischen Fachkräften eine sehr große Rolle, ob sie sich wertgeschätzt fühlen oder nicht. Wenn eine Leitung ihr Team ständig kontrolliert und begutachtet und dann noch eine belehrende Haltung einnimmt, vermittelt sie ein starkes Misstrauen betreffend die fachliche und persönliche Kompetenz ihrer Mitarbeiter/-innen.

Nichts vermittelt mehr Wertschätzung als die Verteidigung Ihres Teams

Wenn Sie also als Leitung Ihren Mitarbeitern/-innen und deren fachlichen Kompetenzen vertrauen und hinter ihnen stehen, weil Sie auch über die Stärken und Schwächen Bescheid wissen, müssen Sie

Abb. 3.4 Ohne Mitarbeiterbeteiligung ist alles nichts

diese nicht kontrollieren, sondern können sie eigenverantwortlich arbeiten lassen. Das heißt nicht, dass Sie jeder/m neuen Mitarbeiter/-in blind vertrauen sollen. Jedoch werden Sie sich über den Weg des Interesses und der Neugier bald darüber im Klaren sein, was Ihre Teammitglieder können. Eine besondere Herausforderung stellt für Sie als Leitung die Aufgabe dar, hinter Ihrem Team zu stehen. Denn wenn Eltern sich beschweren, ist es nicht immer leicht, Rückgrat zu beweisen. Aber Ihr Team wird es Ihnen danken, wenn Sie es in schwierigen Situationen verteidigen. Dann weiß und spürt es in besonderem Maße, dass Sie es wertschätzen und es sowohl persönlich als auch fachlich anerkannt wird.

Wertschätzung von Teamkollegen/-innen: Wertschätzendes Teamklima

Julia Hitzenberger, Susanne Schuett

J. Hitzenberger, S. Schuett *Mitarbeiterführung in Krippe, Kindergarten & Hort*,
DOI 10.1007/978-3-662-49108-9_4

4.1 Eine/r für alle, alle für eine/n

Wertschätzendes Teamklima

Wertschätzung für die Mitarbeiter/-innen kommt nicht nur von Ihnen als Kita-Leitung, sondern auch aus Ihrem Team heraus: Wertschätzung von den Kollegen/-innen für die Kollegen/-innen. Es geht um die Wertschätzung von Teamkollegen/-innen im Sinne eines wertschätzenden Teamklimas, das es zu fördern gilt. Mit dem Team steht und fällt für viele Kita-Mitarbeiter/-innen die Qualität der Arbeit und ihre Zufriedenheit. Wertschätzung von den Teamkollegen/-innen bzw. ein wertschätzendes Teamklima bedeutet für Kita-Mitarbeiter/-innen, dass (1) die Vielfalt im Team von allen anerkannt wird, (2) auch untereinander wertschätzend kommuniziert wird und (3) im Team mit Konflikten wertschätzend umgegangen wird (◘ Abb. 4.1).

Anerkennung der Vielfalt durch Mitarbeiter/-innen

Kita-Mitarbeiter/-innen fühlen sich wohl, wenn sie ein wertschätzendes Teamklima wahrnehmen, in dem jede/r als Teil des Teams gleichermaßen wertgeschätzt wird, auch wenn die Mitglieder des Teams unterschiedlich sind. Anerkennung der Vielfalt im Team muss im Rahmen der Teamebene von den Mitarbeitern/-innen selbst untereinander gegeben werden. Wenn Sie als Leitung allein die Vielfalt im Team anerkennen, sie aber im Team untereinander fehlt, werden Sie trotzdem unglückliche Teammitglieder haben. Die Fachkräfte wünschen sich von den Kollegen/-innen, dass man sich gegenseitig betreffend der fachlichen Kompetenz vertraut, sich Respekt entgegenbringt, die unterschiedlichen Arbeitsweisen akzeptiert und alle Teammitglieder gleichwertig behandelt werden.

Wir sind alle gleich viel wert

◘ Abb. 4.2 zeigt drei pädagogische Fachkräfte, die sich zu diesem Thema äußern. Die erste Erzieherin links teilt uns zunächst mit, was für sie das Gegenteil von Anerkennung der Vielfalt im Team ist. Sie stimmt es unzufrieden, wenn sie von ihrer Gruppenkollegin zurechtgewiesen wird, wie sie mit Kindern umzugehen hat. Auch wenn sie Kollegen/-innen vor anderen tadeln oder kritisieren, fühlt sie sich sehr geringgeschätzt. Der Erzieher in der Mitte wünscht sich in seinem Team gegenseitigen Respekt, Wertschätzung und Unterstützung füreinander. Die Kita-Mitarbeiterin rechts erwartet von den Teamkollegen/-innen, dass sie ihre pädagogischen Vorgehensweisen und Methoden akzeptieren, auch wenn sie andere Ansichten haben. Folglich heißt die Vielfalt im Team anzuerkennen, dass man füreinander im Team einsteht, andere nicht abwertet, weil sie anders arbeiten, und sich gegenseitig respektiert, trotz aller Unterschiedlichkeit.

Team-Kollegen/-innen stehen füreinander ein

Zentral ist bei dieser Haltung, dass jedes Teammitglied als gleichwertig angesehen wird, auch und gerade wenn Unterschiede in der Arbeitsweise bestehen. Zudem sollte sich jede/r akzeptiert und angenommen fühlen. Gerade im pädagogischen Arbeitsbereich gibt es nicht nur *eine* pädagogische Richtung. Zudem spielen auch die Persönlichkeit und der Grad der Empathiefähigkeit eine große Rolle. Sofern alle dieselbe Grundhaltung gegenüber dem Kind haben, wünschen sich Kita-Mitarbeiter/-innen, dass man Toleranz und Respekt gegenüber der Arbeitsweise jeder/s Kollegen/-in zeigt, dass jede/r gegebenenfalls

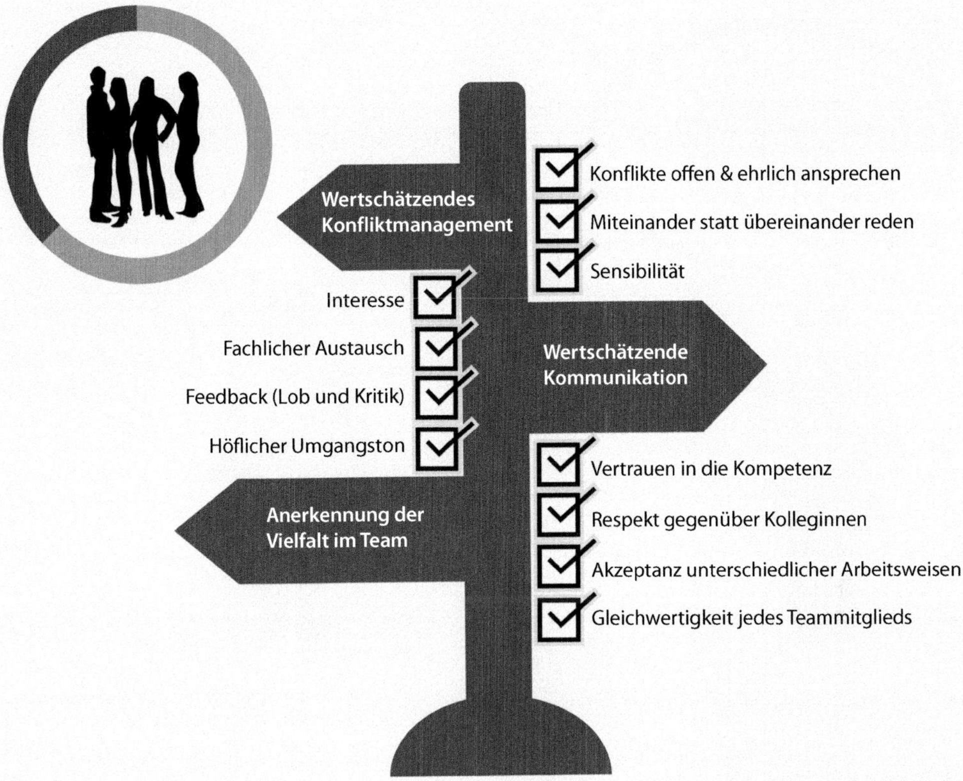

Abb. 4.1 Wertschätzendes Teamklima

anders handelt oder anders dem Kind gegenüber agiert und andere Lösungsvorschläge bereit hält, aber keine Arbeitsweise einer anderen vorangestellt und als besser angesehen wird („Viele Wege führen nach Rom"). Pädagogische Fachkräfte wünschen sich, dass man authentisch arbeiten und seine Persönlichkeit einbringen kann, ohne dass die Anderen einen verbessern oder das Gefühl vermitteln, sie könnten es besser. Es soll gemeinsam ein Ziel formuliert werden, wobei jede/r ihre/seine individuellen Fähigkeiten und Fertigkeiten einbringen kann, dennoch aber der Teamgedanke im Fokus steht. Wichtig ist demnach gerade im pädagogischen Arbeitsfeld, in dem auch Persönlichkeit eine große Rolle spielt, dass im Team nicht eine hierarchische Anordnung entsteht und sich jemand, der strenger ist, über eine/n Mitarbeiter/-in stellt, die/der auf eine andere, vielleicht feinfühligere Weise arbeitet. Letztlich wünschen sich Kita-Mitarbeiter/-innen von der Leitung und den Teamkollegen/-innen, dass sie im Großen und Ganzen hinter ihnen stehen und ihnen Vertrauen in ihre Fachkompetenz schenken. Nur wenn jede/r authentisch arbeiten kann und anerkannt wird, ist eine konstruktive Zusammenarbeit möglich.

Abb. 4.2 Eine/r für alle, alle für eine/n

4.2 Sehen und gesehen werden

Sehen und gesehen werden

Auch innerhalb des Teams haben Kita-Mitarbeiter/-innen das Bedürfnis und den Wunsch nach wertschätzender Kommunikation. Das heißt, dass Wertschätzung dann empfunden wird, wenn sich Kollegen/-innen füreinander interessieren. Zudem empfinden Kita-Mitarbeiter/-innen Wertschätzung, wenn sich ihre Kollegen/-innen mit ihnen fachlich austauschen möchten, wenn sie ab und an Feedback bekommen und wenn ein freundlicher und höflicher Umgangston im Team gepflegt wird.

Die Do's und Don'ts des Sehens und Gesehen-Werdens

Was es konkret bedeutet, wertschätzend zu kommunizieren, sehen Sie an der Abb. 4.3. Wie es sich anfühlt, wenn man im Team nicht gesehen wird, beschreibt die erste Erzieherin links im Bild. Sie fühlt sich belastet, wenn ihre Teamkollegen/-innen ihre Arbeit und ihr Engagement in der Gruppe als selbstverständlich nehmen. Sie wünscht sich Wertschätzung in Form eines Dankeschöns. Die zweite Erzieherin in der Mitte gibt zu, dass sie ihrer Kollegin viel zu selten sagt, was ihr an ihrer Arbeit gefällt und was sie gut macht. Auch sie hätte gerne ab und zu ein Feedback von den Kollegen/-innen. Wie man Wertschätzung für die/den Andere/n kommuniziert, beschreibt der Erzieher rechts im Bild. Er sagt seinen Kollegen/-innen, wenn ihm etwas gefällt, wenn tolle

Abb. 4.3 Sehen und gesehen werden

Geschenke gebastelt werden oder jemand einen geduldigen Umgang mit den Kindern hat. Es geht also darum, sich gegenseitig im Team wahrzunehmen: Was macht die/der Andere, wie macht sie/er es und was gefällt mir? Kita-Mitarbeiter/-innen freuen sich darüber, wenn sie ein Feedback oder Danke von den Kollegen/-innen bekommen, mit denen sie direkt zusammenarbeiten.

Wertschätzende Teamkommunikation fördert Teamzusammenarbeit

Dabei sollte sich das Interesse aneinander nicht nur auf die fachliche, sondern auch auf die persönliche Ebene beziehen. Da man im Erzieherberuf die Tätigkeit nicht von der Person trennen kann, wünschen sich die Fachkräfte auch Interesse für ihre Person, aber natürlich auch dafür, wie sie Dinge sehen und dass man sich austauscht, die/den Andere/n nach seiner Meinung fragt, ihre/seine Fachkompetenz schätzt und auch voneinander lernt. Es geht um einen achtsamen Umgang miteinander im Team und wie man aufeinander zugeht. Eine kollegiale Beratung drückt auch Wertschätzung aus, weil sich die Kita-Mitarbeiter/-innen geschmeichelt fühlen, wenn sie um Rat gefragt werden. Je mehr sich die Mitarbeiter/-innen gegenseitig wahrnehmen und kennen, desto besser funktioniert die Kommunikation. Dabei ist natürlich wichtig, dass man sich gegenseitig höflich und freundlich begegnet und auch schlechte Laune nicht an den Anderen auslässt. Eine wertschätzende Kommunikation ist maßgeblich für eine konstruktive Teamzusammenarbeit.

Abb. 4.4 Konfliktmanagement mit Feingefühl und Höflichkeit

4.3 Konflikte mit Feingefühl und Höflichkeit managen

Miteinander statt übereinander sprechen

Der dritte Pfeiler der Wertschätzung im Kita-Team ist ein feinfühliges und höfliches Konfliktmanagement, welches auf wertschätzendem Umgang beruht. Insbesondere in Teams, in denen mehrheitlich Frauen arbeiten, werden Konflikte und Probleme innerhalb des Teams und mit Eltern oft nicht direkt angesprochen und geklärt. Vielmehr gären Konflikte vor sich hin und werden hinter dem Rücken der betroffenen Personen thematisiert. Doch gerade solche Umgangsweisen führen dazu, dass sich die Teamkollegen/-innen nicht wertgeschätzt fühlen und sich das Teamklima negativ auflädt. Ebenso leidet die Qualität der Betreuung und Bildung der Kinder darunter, da die Energie und Aufmerksamkeit von den Kindern abgelenkt und die eigenen Ressourcen geschwächt werden. Zu einem wertschätzenden Konfliktmanagement gehört, Konflikte offen und ehrlich anzusprechen, miteinander statt übereinander zu reden und ein hoher Grad an Sensibilität.

Die Do's und Don'ts des Konfliktmanagements

Was es konkret bedeutet, Konflikte wertschätzend zu managen, thematisieren drei Fachkräfte in Abb. 4.4. Die erste Erzieherin links im Bild ist der Meinung, dass die meisten Erzieher/-innen Konflikte gar nicht oder erst viel zu spät im Team ansprechen. Das führt dazu, dass ein sehr unangenehmes Teamklima entsteht, was auch die Kinder spüren. Der Erzieher in der Mitte wünscht sich von seinem Team, dass man Konflikte offen und ehrlich ansprechen darf. Er findet es wichtig, miteinander statt übereinander zu reden. Die Erzieherin rechts im Bild berichtet von ihren Erfahrungen, dass sie einmal sehr brutal aus einem Team rausgemobbt wurde und deshalb gekündigt hat. Niemand von den Kollegen/-innen hat sie damals unterstützt oder etwas gesagt. Konflikte und der Umgang damit sind ein sehr großes Thema in Kitas. Die meisten Kita-Mitarbeiter/-innen sprechen übereinander statt miteinander. Gerade weil viele Kita-Mitarbeiter/-innen Probleme damit haben, Konflikte offen und ehrlich zu thematisieren, wünschen sie sich ein feinfühliges und sensibles Konfliktmanagement.

Sensible Konfliktkultur als Voraussetzung für die Zusammenarbeit

Ein gutes und wertschätzendes Arbeitsklima bedeutet, dass man im Team Dinge ansprechen kann, die stören; Unmut und Unzufriedenheit können thematisiert werden. Dabei sind der Ton und die Art und Weise von äußerst wichtiger Bedeutung. Denn wenn Kita-Mitarbeiter/-innen ihre Schwierigkeiten auf wertschätzende und nicht verletzende Art thematisieren und lösen, entsteht wieder ein angenehmes Arbeitsklima, in dem die Energie und der Fokus wieder auf die Arbeit mit den Kindern gelegt werden kann. In sozialen Berufen wird oftmals die Beziehungsebene überbewertet. Die Beziehung zwischen den Teammitgliedern spielt in der Kita eine sehr große Rolle, da die Fachkräfte sehr eng zusammenarbeiten und sich im pädagogischen Alltag abstimmen müssen. Sowohl im Gesamtteam als auch in den Gruppenteams ist es deshalb im Hinblick auf die Wertschätzung von hoher Bedeutung, ein sensibles Konfliktmanagement zu etablieren, um Beziehungen und Zusammenarbeit professionell zu gestalten und den Wert jedes einzelnen Mitglieds zu schätzen.

Wertschätzung von den Eltern: Wertschätzende Erziehungspartnerschaft

Julia Hitzenberger, Susanne Schuett

J. Hitzenberger, S. Schuett *Mitarbeiterführung in Krippe, Kindergarten & Hort*,
DOI 10.1007/978-3-662-49108-9_5

5.1 Erziehungspartner auf Augenhöhe statt „Dienstmädchen"

Wertschätzende Erziehungspartnerschaft

Wertschätzung für Kita-Mitarbeiter/-innen kommt nicht nur von Ihnen als Kita-Leitung und Ihrem Team, sondern auch von den Eltern. Da Erzieher/-innen tagtäglich mit den Eltern zusammenarbeiten und mit ihnen nach den Bildungsplänen eine Bildungs- und Erziehungspartnerschaft leben sollten, wünschen und brauchen die Mitarbeiter/-innen von den Eltern Wertschätzung. Diese zeigt sich vor allem in einer wertschätzenden Erziehungspartnerschaft. Hierbei geht es darum, (1) von den Eltern als professionelle Erziehungspartner anerkannt zu werden, (2) dass wertschätzend kommuniziert wird und (3) dass von den Eltern Grenzen wahrgenommen und akzeptiert werden. Eine wertschätzende Erziehungspartnerschaft ist die Grundlade für eine konstruktive Zusammenarbeit zwischen Eltern und Kita (◘ Abb. 5.1).

Erziehungspartnerschaften statt Hierarchien

Die Beziehung zwischen Ihren Mitarbeitern/-innen und den Eltern ist im Rahmen des Kerngeschäfts – nämlich der Bildung, Erziehung und Betreuung der Kinder – ein zentraler Baustein. Leider passiert es immer wieder, dass manche Eltern Erzieher/-innen mehr als „Dienstmädchen" wahrnehmen und nicht als Erziehungspartner/-innen auf Augenhöhe. Ihre Mitarbeiter/-innen möchten aber als Erziehungspartner/-innen anerkannt werden und von den Eltern für ihre Arbeit und tagtägliche Leistung wertgeschätzt werden. Dazu gehört gegenseitige Wertschätzung, Achtung und Respekt, Anerkennung der Fachkompetenz sowie Verbindlichkeit und Vertrauen. Diese professionelle Partnerbeziehung kann als Grundvoraussetzung für eine wertschätzende Erziehungspartnerschaft angesehen werden, wovon wiederum die Qualität der Bildung und Entwicklung der Kinder profitiert.

Erziehungspartnerschaften brauchen gegenseitiges Interesse, Achtung und Respekt

Was heißt das aber nun konkret, als Erziehungspartner/-in auf Augenhöhe anerkannt zu werden? Betrachten Sie in ◘ Abb. 5.2 einige Beispiele dafür. Der erste Erzieher ist gekränkt, dass er und seine Kollegen/-innen als Dienstpersonal betrachtet werden und die Eltern kaum Interesse an seiner Arbeit haben und sie auch nicht wertschätzen. Als Erziehungspartner fühlen sich Pädagogen/-innen anerkannt, wenn gegenseitige Wertschätzung vorhanden ist und die Eltern Achtung und Respekt gegenüber der erzieherischen Tätigkeit zeigen. Die zweite Erzieherin erklärt, dass sie sich in ihrer Fachkompetenz anerkannt fühlt, wenn Eltern nach Tipps und um Rat fragen und sich dafür auch bedanken. Über dieses Interesse und die Wahrnehmung der Erzieher/-innen in der Rolle der kompetenten Fachkraft fühlt sie sich als Erziehungspartnerin anerkannt. Wenn Eltern alle Last und den Erfolg für die Erziehung in die Hände der Kita-Mitarbeiter/-innen legen und ihre eigenen Verantwortung nicht übernehmen, zeigt das für die Erzieherin rechts, dass Eltern keine Erziehungspartner/-innen sind und nicht genügend Wertschätzung und Interesse aufbringen, um gemeinsam diese Partnerschaft zu leben.

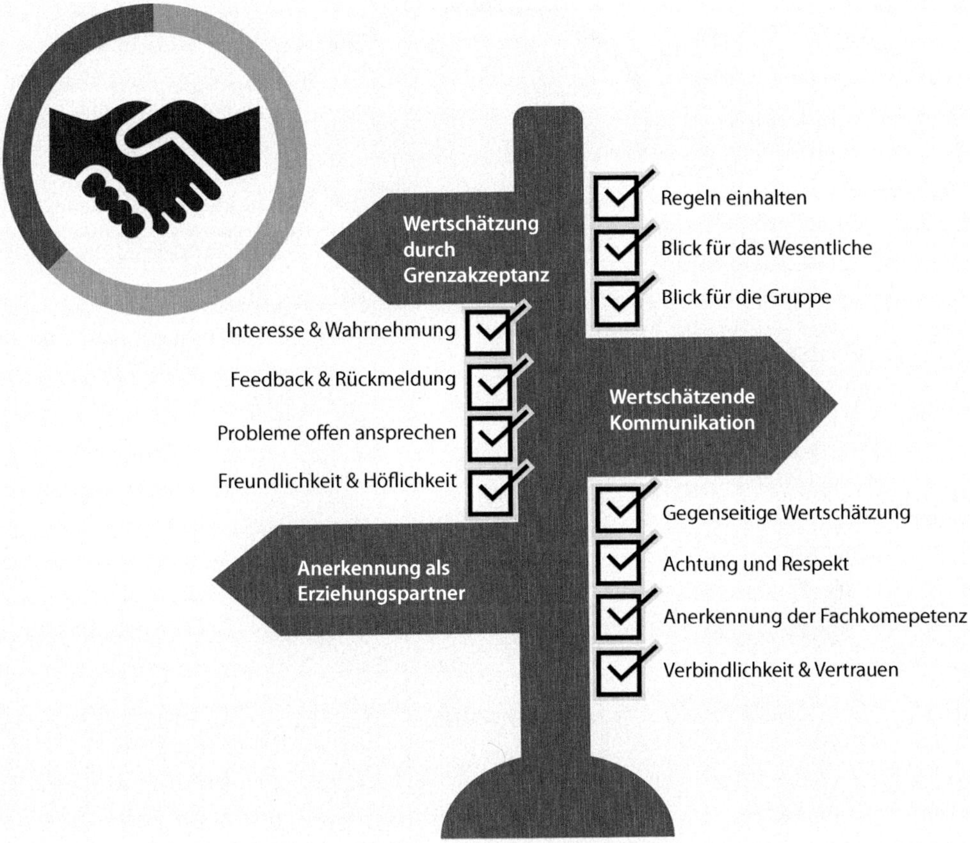

Abb. 5.1 Wertschätzende Erziehungspartnerschaft

Vertrauen und Verbindlichkeit

Die genannten Beispiele machen deutlich, dass die Kita-Mitarbeiter/-innen ernst genommen werden wollen. Man soll ihnen vertrauen und ihren Wert als Erziehungspartner/-innen schätzen. Dazu gehört auch, dass Eltern mit Verbindlichkeit auf das reagieren, was in der Kita geschieht, d. h. auf Elternbriefe reagieren, Ausflüge registrieren und die relevanten Dinge mitbringen, die benötigt werden, damit der Kita-Alltag funktionieren kann. Des Weiteren spielt Vertrauen eine wichtige Rolle für die Fachkräfte, welches oftmals nonverbal über die Körpersprache und Handlungen vermittelt wird. Kita-Mitarbeiter/-innen spüren Vertrauen beispielsweise daran, wie sich die Eltern vom Kind verabschieden und ihm kommunizieren, welchen Stellenwert die Kita hat. Ob eine wertschätzende Erziehungspartnerschaft gegeben ist, sehen die befragten Fachkräfte auch an einer offenen, respektvollen Haltung der Eltern, wie sie sich in der Kita gegenüber dem Personal verhalten.

Abb. 5.2 Erziehungspartner auf Augenhöhe statt Dienstmädchen

Was Eltern nicht tun sollten

Wenn Kita-Mitarbeiter/-innen von Eltern überhaupt kein Vertrauen und Interesse bekommen und womöglich sogar noch geringgeschätzt und abgewertet werden, kann dies nicht nur zu großer Unzufriedenheit führen, sondern vor allem auch die Beziehung zum Kind dieser Eltern enorm belasten. Denn spürt ein Kind die Ablehnung seiner Eltern gegenüber der/m Erzieher/-in, wird es sich nicht sicher auf die Erzieher/-in-Kind-Beziehung einlassen können und in einen Konflikt geraten. Je älter die Kinder sind, desto schwieriger wird dies, vor allem wenn Eltern zu Hause schlecht über die Kita-Mitarbeiter/-innen sprechen. Eltern geben die Geringschätzung über ihr Kind der/dem Mitarbeiter/-in weiter, der/m die Meinung der Eltern selbstverständlich nicht egal ist. Dies gefährdet die Bildung, Erziehung und Betreuung der Kinder und belastet zudem die Gesundheit und das Wohlbefinden der/s betroffenen Erziehers/-in.

5.2 Der Ton macht die Musik

Wie Eltern kommunizieren sollten, damit die Wertschätzung ankommt

Ein wichtiger Teil der wertschätzenden Erziehungspartnerschaft stellt die Art und Weise der Kommunikation zwischen Eltern und Pädagogen/-innen dar. Nicht nur das, *was* Eltern Ihren Mitarbeiter/-innen sagen, sondern vor allem das „Wie" zeigt Ihrem Team ihre

Abb. 5.3 Der Ton macht die Musik

Wertschätzung, da darin sämtliche Haltungen und Einstellungen transportiert werden. Dazu gehören Interesse, Feedback, Freundlichkeit, Höflichkeit und Offenheit im Ansprechen von Problemen. In Abb. 5.3 freut sich eine Erzieherin darüber, wenn Eltern erzählen, was sie gut gefunden haben, was ihr Kind gelernt hat oder auch Rat suchen. Das Feedback zeigt den Kita-Mitarbeitern/-innen, dass sie gute Arbeit leisten oder wo sie etwas anders machen können. Dabei kommt es allerdings darauf an, wie diese Schwierigkeiten angesprochen und rübergebracht werden. Zudem ist in der wertschätzenden Kommunikation der Umgang mit den Erziehern/-innen enthalten: Wie sprechen die Eltern? Sind sie freundlich und höflich? Wenn sie vermitteln, dass sie zufrieden sind und ihr Kind gut aufgehoben wissen, zeigen sie Wertschätzung, wie der Erzieher in der Mitte der Abbildung betont. Und wenn Eltern kommunizieren, dass sie wissen, was für eine anstrengende Arbeit die Kita-Mitarbeiter/-innen verrichten, wie viel Energie und Herzblut mit einfließt, ist das für manche Erzieher/-innen die größte Wertschätzung und zugleich sehr frustrierend, wenn es nicht gesehen wird – so die dritte Erzieherin im Bild.

Positives verbales und non-verbales Feedback ist wertschätzend

Einfach zusammengefasst sollten Eltern im besten Fall verbal äußern, sagen und mitteilen, was sie gut finden, und positives Feedback geben. Das zeigt, dass sie achtsam und aufmerksam sind und sich für die Arbeit der Kita-Mitarbeiter/-innen interessieren. Das motiviert

Abb. 5.4 Das ist mein Tanzbereich, das ist dein Tanzbereich

enorm und spiegelt ihnen, dass die Eltern zufrieden sind und sie gute Arbeit leisten. Feedback wünschen sich Ihre Mitarbeiter/-innen vor allem für die emotional hoch anstrengende Beziehungsarbeit mit den Kindern. Sie möchten aber nicht nur Lob hören, sondern sind sehr wohl offen für Kritik seitens der Eltern. Vor allem Probleme, Sorgen oder Befürchtungen sollen angesprochen werden, damit man diese gemeinsam aus dem Weg räumen und wieder in dieselbe Richtung segeln kann. Dabei sollen Eltern Schwierigkeiten aber nicht anklagend und geringschätzend, sondern vielmehr in einem angemessenen, ruhigen Ton formulieren.

5.3 Das ist mein Tanzbereich, und das ist dein Tanzbereich

Grenzen akzeptieren ist wertschätzen

Ein großes Thema in der Kita ist immer wieder die Wahrnehmung und Akzeptanz von Grenzen seitens der Eltern. Grenzen, die für die Fachkräfte wichtig sind, werden von Eltern nicht selten überschritten. Wertschätzung durch Grenzakzeptanz zeigt sich im Einhalten von Regeln, dem Blick für die Gruppe und das Wesentliche.

Die Do's und Don'ts der Grenzen

Grenzen nehmen in der Beziehung zwischen Eltern und Erziehern/-innen eine äußerst zentrale und besondere Rolle ein. Eltern neigen dazu, viele Forderungen zu stellen, hohe Erwartungen zu haben und diese auch einzufordern. Die Fachkräfte hingegen neigen dazu, mehr zu geben als zu nehmen. Die Grenzen zwischen Arbeit und Privatleben verschwimmen oftmals. Daher ist es für die Fachkräfte eine ganz besondere Belastung, wenn Eltern die Grenzen überschreiten und unangemessene Forderungen stellen. In ◘ Abb. 5.4 stellt die erste Erzieherin fest, dass es frustrierend ist, wenn Eltern nicht realistisch sehen, was in einer Kindergartengruppe mit einem bestimmten Personalschlüssel geleistet werden kann. Der Erzieher in der Mitte sieht es problematisch, wenn Eltern sich nicht von alleine feinfühlig verhalten und seine Aufmerksamkeit einfordern, obwohl er gerade beschäftigt ist. Die dritte Erzieherin wiederum beschreibt, wie sehr sie sich wertgeschätzt fühlt, wenn die Regeln und Strukturen des Hauses von den Eltern anerkannt werden und wenn sie genau wissen, wo ihre Grenzen sind.

Grenzakzeptanz schafft eine konstruktive Zusammenarbeit mit den Eltern

Wenn Eltern Grenzen sehen und anerkennen, führt dies primär dazu, dass sich Ihre Kita-Mitarbeiter/-innen wohl fühlen und gut arbeiten können – ansonsten fühlen sie sich gestresst und unsicher, da sie immer wieder unterbrochen werden, immer wieder aus der Arbeit herausgerissen werden und vor allem in einer unguten Atmosphäre arbeiten müssen. Sind die Grenzen und Freiräume klar festgelegt, schafft das Sicherheit, Konzentration und pädagogische Qualität, da sich die Mitarbeiter/-innen ganz auf die Kinder einlassen können. Zudem ermöglicht dies eine gute Zusammenarbeit, Austausch und ein konstruktives Miteinander zwischen Eltern und Erziehern/-innen. Nur wenn Ihre Mitarbeiter/-innen ihre Arbeit so erfüllen können, dass sie genug Frei- und Schutzräume haben und die Eltern diese respektieren, fühlen sie sich auch wertgeschätzt und können im Rahmen einer wertschätzenden Erziehungspartnerschaft gute Arbeit leisten.

Selbstwertschätzung: Professionelles Selbstbewusstsein

Julia Hitzenberger, Susanne Schuett

J. Hitzenberger, S. Schuett *Mitarbeiterführung in Krippe, Kindergarten & Hort*,
DOI 10.1007/978-3-662-49108-9_6

6.1 Denn sie wissen (nicht), was sie tun

Professionelles Selbstbewusstsein

Last but not least liegt die Wertschätzung in Ihren Mitarbeitern/-innen selbst – die sog. Selbstwertschätzung im Sinne eines professionellen Selbstbewusstseins, die es zu fördern gilt. Die Bedeutung dieser Dimension der Wertschätzung sollten Sie nicht unterschätzen, gerade weil Erzieher/-innen für ihre Tätigkeit von der Gesellschaft nur wenig Anerkennung erhalten. Ein ausgeprägtes professionelles Selbstbewusstsein kann gegen geringe externe Wertschätzung schützen und trotzdem zufrieden machen. Professionelles Selbstbewusstsein zu haben heißt, (1) über ein ausreichend starkes Kompetenz- und Wirksamkeitsgefühl zu verfügen, (2) sich selbst schützen und für sich sorgen können sowie (3) sich selbst vermarkten und verkaufen zu können (◘ Abb. 6.1).

Wissen, was man tut

Fragen Sie einmal Ihre Mitarbeiter/-innen oder andere Erzieher/-innen, ob sie stolz auf ihren Beruf sind. Unsere Erfahrung hat gezeigt, dass Kita-Mitarbeiter/-innen auf diese Frage irritiert und zögerlich reagieren und wenig Berufsstolz für ihren Job empfinden. Wenn man dann weiterfragt, zeigt sich doch gewissermaßen eine Art Kompetenzgefühl, dass der Job sie erfüllt und sie eine wichtige Aufgabe haben. Dennoch scheint die mangelnde gesellschaftliche Anerkennung des Erzieherberufes und seine nicht klare Einordnung im Bildungssystem dazu zu führen, dass manche Erzieher/-innen nicht wirklich wissen, was sie eigentlich tun und leisten. Das kann damit zusammenhängen, dass frühkindliche Bildungsarbeit eine unsichtbare Tätigkeit ist, die nicht als sofortiges Produkt greifbar ist. Ein ausgeprägtes Kompetenz- und Wirksamkeitsgefühl zeichnet sich dadurch aus, dass Erzieher/-innen wissen, dass sie eine bedeutsame Aufgabe erfüllen, ihre Leistung anerkennen, wissen, wie wirksam sie sind und die hohen Anforderungen und Aufgaben kennen.

Kita-Mitarbeiter/-innen wissen nicht was sie tun, oder doch?

Schauen wir uns ein paar Beispiele in ◘ Abb. 6.2 an. Der erste Erzieher links bewertet den Erzieherberuf als einen sehr wichtigen Beruf, weil Kinder so offen und formbar sind und man eine hohe Verantwortung trägt. Die Erzieherin in der Mitte knüpft hier an und betont, dass man als Erzieherin eine sehr bedeutsame Aufgabe hat, für die man sehr feinfühlig und empathisch sein muss. Nur so kann man die Bedürfnisse der Kinder erkennen und danach handeln. Diese beiden Fachkräfte wissen also, dass sie eine sehr wichtige Aufgabe erfüllen und schätzen sich und ihren Beruf demnach selbst wert. Auch die dritte Erzieherin scheint zu wissen, dass sie tagtäglich viel leistet, nur kann sie es nicht konkret benennen. Denn Frühpädagogik bringt scheinbar kein richtiges Produkt hervor und ist oft unsichtbar. Der Ansatz für ein Kompetenz- und Wirksamkeitsgefühl scheint vorhanden zu sein, und viele Erzieher/-innen sehen und kennen ihre Aufgaben und Leistungen; nur, wie genau diese Wirksamkeit aussieht, was sie genau fördern und wie sie das tun – das scheint nicht so ganz klar zu sein, da Beziehungsarbeit und pädagogische Interaktion immer schwer transparent zu machen sind.

Abb. 6.1 Professionelles Selbstbewusstsein

Warum es wichtig ist, zu wissen, was man tut

Frühpädagogische Fachkräfte sollten sich mit ihrer Arbeit und ihren Leistungen auseinandersetzen, sie wahrnehmen, reflektieren und transparent machen. Denn erst, wenn sie ihre Wirksamkeit sehen, können sie ein positives Kompetenzgefühl entwickeln, welches den Grundstock für ihr professionelles Selbstbewusstsein legt. Sie können es dann entsprechend für sich selbst und nach außen hin transparent machen und Stolz für ihre Aufgabe entwickeln. Wenn Erzieher/-innen nicht wissen, was sie tun, tagtäglich aber zahlreiche Aufgaben erfüllen, diese aber nicht sehen und anerkennen können, werden sie immer mit ihrer Arbeit unzufrieden sein und sich unwirksam fühlen. Wenn kein Grundstock an eigenem Kompetenzgefühl vorhanden ist, werden Ihre Mitarbeiter/-innen immer abhängig von externer Anerkennung sein und Geringschätzung von außen nicht kompensieren können. Das macht sie langfristig unzufrieden und krank.

Abb. 6.2 Denn sie wissen (nicht), was sie tun

6.2 Grenzen setzen

Wer sich selbst wertschätzt und für sich sorgt, der setzt auch Grenzen

Ihre Mitarbeiter/-innen brauchen die Fähigkeit, Grenzen zu setzen und sich schützen zu können. Wer sich selbst ausreichend wertschätzt, sorgt auch für sich und kann sich im Beruf von hohen Forderungen und Belastungen abgrenzen. Gerade im Arbeitsfeld Kita ist Abgrenzung aber nicht immer leicht. Harmonie ist nicht selten ein Wunsch vieler pädagogischer Fachkräfte, der zwar eine Zusammenarbeit fördern kann, aber es erschwert, Grenzen zu setzen. Eine ausgeprägte Kompetenz zum Selbstschutz und zur Selbstfürsorge zeichnet sich darin aus, empathisch und achtsam mit sich selbst umzugehen, Grenzen zu setzen und eine gute Work-Life-Balance zu haben bzw. einfordern zu können.

Die Do's und Don'ts des Grenzen-Setzens

Zum Thema „Grenzen in der Kita" äußern sich in der Abb. 6.3 wieder drei pädagogische Fachkräfte. Die erste Erzieherin räumt ein, dass Menschen im Erzieherberuf dazu neigen, mehr zu geben und noch mehr zu geben. Das führe dazu, dass diese Berufsgruppe sehr stark von Burnout betroffen sei. Der Erzieher in der Mitte sagt, dass es ihm schwer fällt, nein zu sagen zu Eltern und Kollegen/-innen; auch zu Hause denkt er noch viel über die Arbeit nach. Das heißt, dass es vielen Kita-Mitarbeitern/-innen schwer fällt, Grenzen zu setzen und dass sie eher dazu tendieren, gut für andere statt für sich selbst zu sorgen. Sicherlich macht das auch den Beruf aus, für Kinder und Eltern da zu sein.

Abb. 6.3 Grenzen setzen

Doch ohne gesunde Selbstfürsorge kann langfristig keine gute pädagogische Arbeit stattfinden. So teilt die dritte Erzieherin mit, dass sie erst lernen musste, Grenzen zu setzen und Eltern gegenüber bestimmt aufzutreten. Jetzt geht es ihr aber besser, und sie kann gut für sich und ihre Gesundheit sorgen.

Eine gute Selbstfürsorge hält die Kita-Mitarbeiter/-innen gesund und zufrieden

Selbstfürsorge und Selbstschutz heißt also für die pädagogischen Fachkräfte, Grenzen zu setzen und einzufordern, was sie dazu brauchen, um pädagogisch gut zu arbeiten und im Job zufrieden zu sein. Dafür brauchen sie eine gute Selbstempathie und Achtsamkeit für sich selbst, um diese Grenzen zu spüren und wahren zu können. Hinzu kommt die Fähigkeit, eine gute Work-Life-Balance zwischen Beruf und Freizeit zu schaffen. Denn viele Erzieher/-innen haben nicht nur Schwierigkeiten, im Job Grenzen zu setzen; sie setzen auch nach dem Feierabend keine Grenzen und denken noch viel über die Arbeit nach. Je besser die Kita-Mitarbeiter/-innen also für sich selbst sorgen und Grenzen setzen, wo es nötig ist, und ihre Bedürfnisse erfüllen, desto gesünder und zufriedener sind sie.

6.3 Sich verkaufen

Warum es wichtig ist, sich verkaufen zu können

Wer über ein professionelles Selbstbewusstsein verfügt, weiß sich gut zu verkaufen und seine Arbeit zu vermarkten. Verkaufen können sich Erzieher/-innen, die wissen, was sie leisten, hinter ihren pädagogischen

Abb. 6.4 Sich verkaufen

Entscheidungen selbstbewusst stehen und diese Eltern gegenüber standhaft vertreten können. Sie können Bildungsprozesse und ihre pädagogische Arbeit transparent und Eltern bewusst machen. Zudem verkaufen sich diese Erzieher/-innen nicht unter Wert, sondern treten von sich und ihrer Arbeit überzeugt nach außen hin auf. Leider können sich erfahrungsgemäß nicht alle Erzieher/-innen besonders gut verkaufen. Denn ihr Ziel ist es meist primär, mit Kindern zu arbeiten und diese zu fördern und zu begleiten, nicht aber sich vorteilhaft zu präsentieren. Aber genau das scheint oft das Problem zu sein, welches die Selbstwertschätzung beeinträchtigt. Denn es gibt nun einmal viele fordernde Eltern – vor allem in unserer heutigen Zeit steigen die Anforderungen seitens Eltern an die Kita stetig an –, und diese möchten verständlicher Weise gerne wissen, was ihr Kind lernt und was in der Kita passiert. Deshalb brauchen Kita-Mitarbeiter/-innen das Know-how, um sich zu verkaufen und sich selbst zu stärken!

Die Do's und Don'ts des Sich-verkaufen-Könnens

Die Abb. 6.4 zeigt drei Erzieher/-innen-Meinungen zum Thema „sich verkaufen": Die erste Erzieherin weiß, dass man sich als Erzieherin gut verkaufen muss, da es auch darum geht, Eltern als Kunden zufrieden zu stellen. Zudem ist es wichtig, sich und seine Arbeit zu verkaufen, weil Eltern nicht wissen, was in der Kita geleistet wird und man sie informieren muss. Hinter pädagogischen Entscheidungen, so der Erzieher in der Mitte, muss man stehen können. Vor allem Eltern gegenüber muss man selbstbewusst auftreten können. Das fällt nach Meinung der dritten Erzieherin nicht allen pädagogischen Fachkräften leicht. Viele tun sich schwer, Eltern effektiv zu vermitteln, was sie an Bildungsarbeit leisten. Es sei aber sehr wichtig, diese Arbeit transparent zu machen, denn nur dann sehen Eltern auch, was in der Einrichtung passiert. Kita-Mitarbeiter/-innen können noch so tolle Bildungsarbeit leisten – wenn sie diese den Eltern nicht verkaufen können, kommt sie einfach nicht an. Auch pädagogische Entscheidungen, die auf fundiertem Wissen beruhen, können bei Eltern negativ ankommen, wenn sie nicht entsprechend selbstbewusst geäußert werden. Folglich bleibt alles unsichtbar, was nicht sichtbar gemacht wird!

Sich verkaufen schafft Anerkennung und Qualität

Was nutzt es also, wenn Kita-Mitarbeiter/-innen sich selbst und ihre Arbeit selbstbewusst verkaufen können? Sie machen ihre Arbeit sichtbar und schaffen nicht nur für sich selbst Anerkennung, sondern fordern auch die Wertschätzung für ihre Arbeit von den Eltern ein! Sie schätzen sich selbst wert, indem sie deutlich machen, was für eine gute Arbeit sie leisten und welche Bildungsprozesse durch sie angeregt werden. Sie fühlen sich dadurch nicht nur kompetenter, sondern es kann dadurch auch die Qualität ihrer pädagogischen Arbeit verbessert und entsprechend gesteuert werden. Nur indem die Kita-Mitarbeiter/-innen beobachten, reflektieren und sich bewusst und sichtbar machen, was an pädagogischen Prozessen geschieht, können sie diese auch modifizieren und verändern.

Von Wertschätzung zu Wertschöpfung: In fünf Schritten zur erfolgreichen Kita-Leitung

Wertschätzung in Kitas leben: Eine wertschätzende Kita-Kultur

Julia Hitzenberger, Susanne Schuett

J. Hitzenberger, S. Schuett *Mitarbeiterführung in Krippe, Kindergarten & Hort*,
DOI 10.1007/978-3-662-49108-9_7

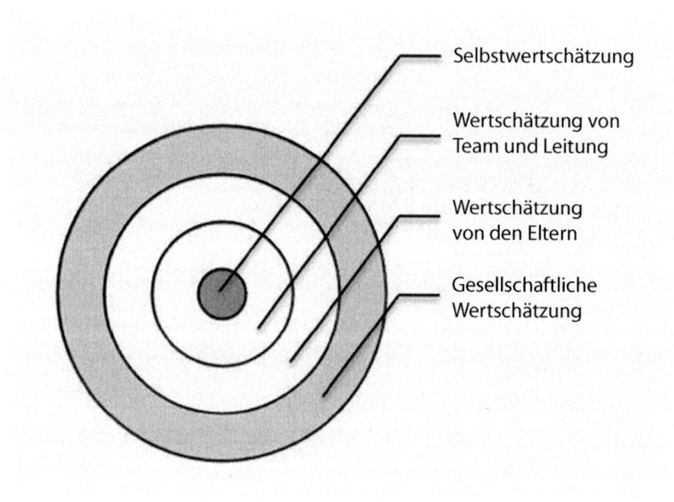

Abb. 7.1 Gewichtung der Wertschätzungsdimensionen

Wertschätzung auf allen Ebenen – in Form einer wertschätzenden Kita-Kultur

Wertschätzung kann nicht an einem System alleine festgemacht werden. Alle Dimensionen – Leitung, Team, Eltern, Selbst – spielen gleichermaßen eine wichtige Rolle. Ist die Wertschätzung in allen Bereichen positiv ausgeprägt, kann man von einer wertschätzenden Kita-Kultur sprechen. Dabei stehen die einzelnen Wertschätzungsdimensionen miteinander in Zusammenhang und beeinflussen sich gegenseitig, wobei Sie als Leitung eine Schlüsselrolle einnehmen. Welche Auswirkungen und positiven Effekte Sie durch eine wertschätzende Kita-Kultur in Ihrer Einrichtung schaffen können, erfahren Sie im Folgenden.

Die wichtigste Wertschätzungsdimension ist die Selbstwertschätzung

Nun werden Sie sich vielleicht fragen, welche Dimension von Wertschätzung am wichtigsten für Ihre Mitarbeiter/-innen ist. Ist es die Wertschätzung von Ihnen als Leitung, vom Team, von den Eltern oder von bzw. aus sich selbst? An dem folgenden Schichtenmodell (Abb. 7.1) können Sie sehen, dass die gesellschaftliche Wertschätzung zwar den Rahmen bildet, den Kern aller Dimensionen macht jedoch die Selbstwertschätzung aus: Ein ausgeprägtes professionelles Selbstbewusstsein kann Wertschätzungsdefizite in anderen Bereichen ausgleichen. Zudem kommt der arbeitsinternen Wertschätzung – in Form eines wertschätzenden Teamklimas, einer wertschätzenden Erziehungspartnerschaft und eines wertschätzenden Führungsverhaltens – die größte Bedeutung zu. Arbeitsinterne Wertschätzung schafft über wertschätzendes Kommunizieren ein konstruktives Miteinander und verbessert über diesen Weg die Arbeitszufriedenheit, die wiederum qualitativ hochwertige Bildungsarbeit fördert. Die Dimension der gesellschaftlichen Anerkennung hat sich zwar auch als bedeutsam herausgestellt, jedoch kann eine negative Ausprägung dieser durch arbeitsinterne Wertschätzung sowie durch Selbstwertschätzung im Sinne eines professionellen Selbstbewusstseins kompensiert werden. Und nicht zu vergessen ist, dass die Selbstwertschätzung wieder nach

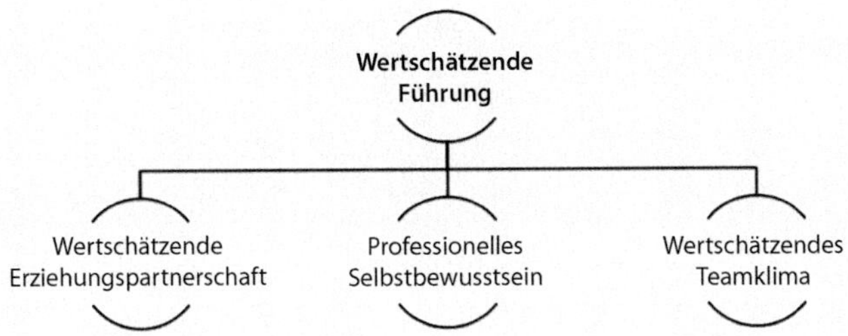

Abb. 7.2 Wertschätzende Führungskultur

außen hin auf die Gesellschaft Einfluss nehmen kann in Bezug auf die Anerkennung für den Erzieherberuf.

Die Kita-Leitung kann Wertschätzung bei Eltern, Team und Mitarbeitenden positiv beeinflussen

Wertschätzung funktioniert in Ihrer Kita nur, wenn alle einzelnen Dimensionen und Sie in Ihrer Führungsrolle zusammenwirken! Alle Dimensionen stehen zueinander in einem Wechselwirkungsgefüge. Die Wertschätzung von Ihnen als Leitung nimmt dabei eine Sonder- und Schlüsselposition ein. Sie können als Kita-Leitung die Wertschätzung des Teams, der Eltern und der Fachkräfte gegenüber sich selbst gezielt steuern, indem sie ein Bewusstsein dafür schaffen oder wertschätzende Strukturen implementieren (Abb. 7.2).

Wertschätzung in der Kita kann nur gemeinsam umgesetzt werden

Wenn Sie als Leitung hinter Ihrem Team stehen, dann werden auch die Eltern mehr Wertschätzung Ihren Mitarbeitern/-innen gegenüber aufbringen, als wenn Sie bei Differenzen zu den Eltern halten (die dadurch den Eindruck gewinnen, dass das Team keine gute Arbeit leistet). Da Wertschätzung ein reziproker Prozess ist, schafft Wertschätzung von der Fachkraft gegenüber den Eltern wiederum Wertschätzung von den Eltern gegenüber der Fachkraft innerhalb einer Dimension. Es kann aber auch eine hohe Wertschätzung im Team untereinander dazu führen, dass die Eltern die Fachkräfte ebenso schätzen, während Mitarbeiter/-innen, die sich gegenseitig angreifen und nicht füreinander einstehen, eine größere Angriffsfläche für Geringschätzung seitens der Eltern bieten. Festzuhalten ist, dass nur gemeinsam Wertschätzung in der Kita umgesetzt werden kann, und zwar durch die Etablierung einer wertschätzenden Kita-Kultur (Abb. 7.3)! Eine wertschätzende Führungskultur geht einher mit einem wertschätzenden Teamklima, einer wertschätzenden Erziehungspartnerschaft und, last but not least, mit einem professionellen Selbstbewusstsein. Nur gemeinsam können die einzelnen Wertschätzungsteile ein Ganzes ergeben!

Eine wertschätzende Kita-Kultur erhöht die Mitarbeiterzufriedenheit und Qualität

Wenn Sie nun diese wertschätzende Kita-Kultur umgesetzt haben, was verändert sich dann? Dann haben Sie nicht nur zufriedene, motivierte und an Ihre Kita gebundene Mitarbeiter/-innen, sondern im Zuge dessen auch eine qualitativ hochwertige wertschätzende Bildungs- und Erziehungsarbeit – das eigentliche Kerngeschäft. Denn pädagogische Qualität braucht eine zufriedene Fachkraft, die ausreichend Ressourcen zur Verfügung hat. Fühlt sie sich wertgeschätzt und wird nicht durch Geringschätzung und Abwertung in ihrem Selbstwert gekränkt,

Abb. 7.3 Wertschätzende Kita-Kultur

kann sie sich ganz unbefangen und fokussiert mit dem Kind beschäftigen und ihm auch die notwendige Wertschätzung entgegenbringen. Eine weitere Konsequenz einer wertschätzenden Kita-Kultur ist, dass sich über die Wertschätzung ein konstruktives Miteinander im Team und in der Erziehungspartnerschaft einstellt. Das heißt, dass die Fachkräfte Konflikte und Differenzen wertschätzend im Team und mit den Eltern ausräumen können und dass alle Akteure miteinander dasselbe Ziel verfolgen, nämlich die Erziehung und Entwicklung des Kindes zu fördern. Dies hat zur Folge, dass die Fachkräfte durch eine konstruktive Zusammenarbeit zufrieden und motiviert sind und ihre Ressourcen schonen können. Gehen alle Akteure wertschätzend miteinander um, dann merkt auch das Kind, dass hier ein Miteinander herrscht und dass es sich auf die neue Bezugsperson einlassen kann, und es bekommt ein Gefühl der Sicherheit. Wenn ein Kind z. B. spürt, dass zwischen Mutter und Erzieher/-in das Vertrauen fehlt, gerät es in Konflikt, wodurch Schwierigkeiten in der Eingewöhnung und dem Bindungsaufbau entstehen können. Zudem kann ein wertschätzendes Miteinander dazu führen, dass die Kinder, die vom Vorbildmodell lernen, wertschätzend miteinander umgehen und Respekt den Erwachsenen gegenüber entwickeln (Abb. 7.4).

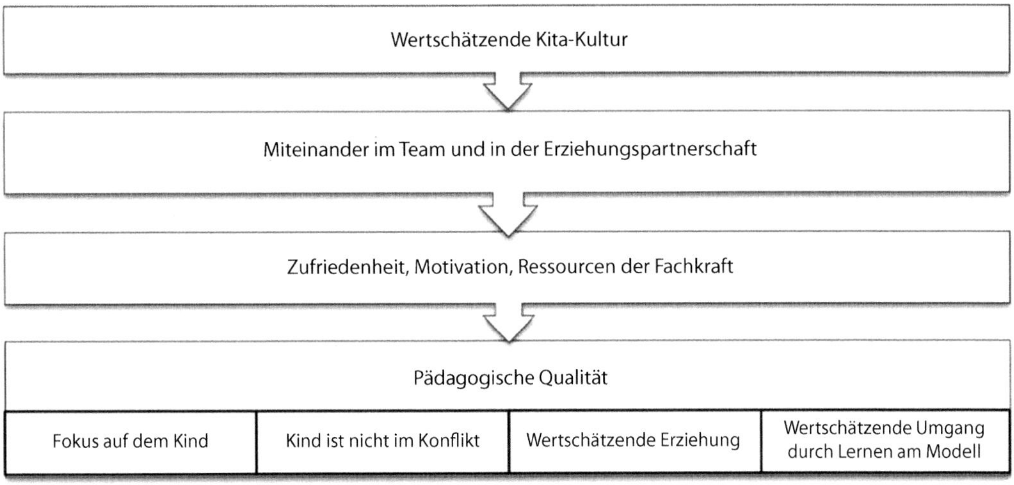

Abb. 7.4 Wertschätzung und pädagogische Qualität

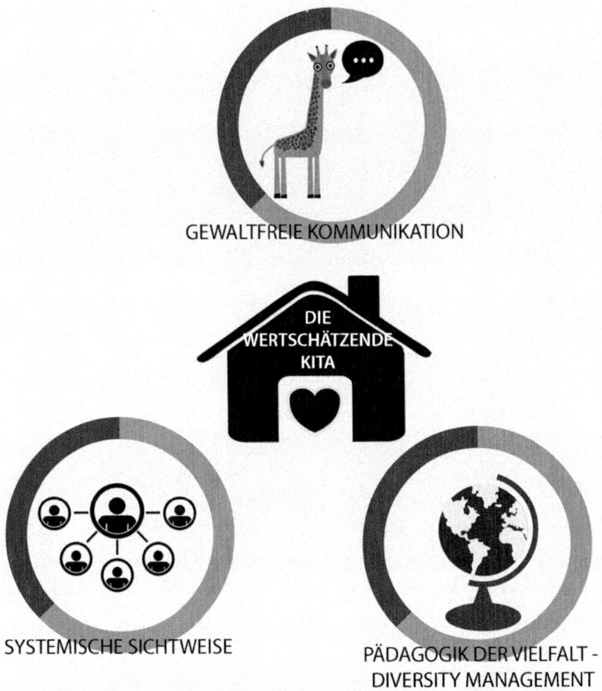

Abb. 7.5 Prinzipien einer wertschätzenden Kita-Kultur

Abb. 7.6 Fünf Schritte zur erfolgreichen Kita-Leitung

Drei Prinzipien einer wertschätzenden Kita-Kultur: systemische Sichtweise, gewaltfreie Kommunikation und Pädagogik der Vielfalt

Bevor wir Ihnen nun die „Fünf Schritte zur erfolgreichen Kita-Leitung" näherbringen, möchten wir Ihnen die drei Prinzipien der wertschätzenden Kita-Kultur vorstellen (◘ Abb. 7.5). Dabei handelt es sich um die systemische Sichtweise, die gewaltfreie Kommunikation und die Pädagogik der Vielfalt beziehungsweise das Diversity-Management. Auf diese drei Konzepte werden Sie in den folgenden Kapiteln, die Sie mit der Umsetzung der wertschätzenden Kita-Kultur vertraut machen sollen, immer wieder stoßen. Die drei Theorien eignen sich sehr, um sich mit Wertschätzung in der Kita auseinanderzusetzen. Systemisch deshalb, weil wir es in einer Kita immer mit Systemen zu tun haben – alleine schon innerhalb der Kita-Kultur treffen das System der Eltern, das System der Mitarbeiter/-innen sowie Ihr eigenes System und noch weitere gesellschaftliche Systeme aufeinander. Wir können immer nur in unserem eigenen System etwas verändern, nicht aber in einem anderen Wirkungskreis. Verändern wir aber etwas bei uns selbst, verändern wir damit das System. Das zweite Konzept ist die gewaltfreie Kommunikation nach Marshall Rosenberg, welche Menschen in der Kommunikation miteinander verbindet, indem Gefühle und Bedürfnisse benannt werden. Und zu guter Letzt hilft die Pädagogik der Vielfalt dabei, Grundwerte von Wertschätzung festzulegen: Nämlich, dass jeder Mensch in unserer Gesellschaft gleich viel wert ist, egal woher kommt, wie alt er ist, welchen Abschluss er hat und ob er eine Behinderung hat oder nicht. Das Geben von Wertschätzung sollte nie vom Erbringen von Leistung oder anderen Faktoren abhängig sein. Denn Wertschätzung basiert auf Toleranz und Akzeptanz des Anderen – eine Qualität, die nicht nur in der Kita, sondern auch in der gesamten Gesellschaft immer wichtiger werden wird, um ein gutes Miteinander von Jung und Alt, von Arm und Reich sowie zwischen unterschiedlichen Kulturen zu gewährleisten.

In fünf Schritten zur erfolgreichen Kita-Leitung

Da Sie nun die theoretischen Hintergründe einer erfolgreichen Kita-Leitung kennengelernt haben, möchten wir Sie einladen, den Weg von Wertschätzung zu Wertschöpfung praktisch zurückzulegen, und zwar praxisnah und konkret in „Fünf Schritten zu einer wertschätzenden Kita-Leitung" (◘ Abb. 7.6). Im ersten Schritt verinnerlichen Sie ein wertschätzendes Führungsverständnis; im zweiten Schritt erlernen Sie Methoden und Werkzeuge, um wertschätzend zu kommunizieren; im dritten Schritt setzen Sie sich damit auseinander, wie Sie ein wertschätzendes Teamklima schaffen; im vierten Schritt lernen Sie Methoden, wie Sie Ihre Mitarbeiter/-innen wertschätzend coachen und qualifizieren können. Abschließend erfahren Sie im fünften Schritt, wie Sie eine wertschätzende Erziehungspartnerschaft managen können. Et voilà – „fertig" ist die erfolgreiche Kita-Leitung!

Schritt 1: Wertschätzendes Führungsverständnis verinnerlichen

Julia Hitzenberger, Susanne Schuett

J. Hitzenberger, S. Schuett *Mitarbeiterführung in Krippe, Kindergarten & Hort*,
DOI 10.1007/978-3-662-49108-9_8

8.1 Wie Sie Ihre Führungspersönlichkeit zur Persönlichkeitsmarke weiterentwickeln

So entwickeln Sie Ihre Führungspersönlichkeit

Sie stehen vielleicht am Anfang Ihrer Führungstätigkeit in einer Kita, oder aber Sie arbeiten womöglich schon länger im Leitungsbereich. Wie dem auch sei: Wenn Sie sich dazu entschieden haben, wertschätzend zu führen und zu leiten, sollten Sie zunächst den Ist-Zustand Ihrer individuellen Führungspersönlichkeit bestimmen und sich Ihrer Berufsidentität bewusst werden. Denn nur, wenn Sie wissen, welche Werte, Fähigkeiten und Visionen in Ihnen stecken, können Sie auch damit umgehen und arbeiten. Es gibt nicht wenige Führungskräfte, die ein völlig falsches Selbstbild von sich als Leitung haben und in der Fremdwahrnehmung völlig anders gesehen werden. Um in der Führung kongruent und authentisch im Einklang zu handeln, ist es wichtig zu wissen, wer man ist und was man will. Im Folgenden erfahren Sie, wie Sie Schritt für Schritt Ihre Führungspersönlichkeit bis hin zur Persönlichkeitsmarke weiterentwickeln.

Leitungsaufgaben sind vielfältig

Bevor Sie damit beginnen, Ihre individuelle Führungspersönlichkeit zu entwickeln, sollten Sie sich vor Augen führen, welche Aufgaben Sie als Kita-Leitung überhaupt bewältigen müssen (◘ Abb. 8.1): Wie Sie selbst wissen, üben Sie tagtäglich eine Vielzahl unterschiedlichster Tätigkeiten aus – und das oft gleichzeitig! Als Leitung stehen Sie an allen Schnittstellen und tragen eine hohe Verantwortung für Personal, Eltern und Kinder. In erster Linie leiten und führen Sie als Kita-Leitung Ihr Team im Sinne eines Vorangehens. Ihre Mitarbeiter/-innen orientieren sich an Ihnen, fragen Sie um Rat und erwarten von Ihnen eine klare Linie, wie sie in ihrer Tätigkeit vorzugehen haben. Je sicherer Sie führen und leiten, desto mehr können sich Ihre Mitarbeiter/-innen auf Sie verlassen. Verhält sich eine Leitung „wie ein Fähnchen im Winde" und wechselt ständig ihre Meinung, ist es für das Team schwieriger, ihr zu folgen. Eine weitere Führungsaufgabe ist die Organisation und das Managen von Zeit. Das dritte Element der Führungsaufgaben ist das Coachen Ihrer Mitarbeiter/-innen, im Sinne eines Begleitens und Beratens. Wenn Ihr Team Fragen oder Schwierigkeiten hat, beispielsweise mit der Erziehung von Kindern oder aber auch mit Eltern, kommt es auf Sie zu. Das Thema Coaching wird Sie angesichts der in Teil 1 des Buches geschilderten gesellschaftlichen Problematik immer stärker betreffen. Denn Ihre Mitarbeiter/-innen brauchen mehr und mehr Unterstützung, um selbst mit schwierigem Klientel oder besonders heterogenen Kindergruppen zu arbeiten. Weitere Aufgaben sind die Vernetzung mit anderen Organisationen, die Entwicklung von Visionen und das Setzen von Zielen sowie das managen einer Work-Life-Balance im Sinne einer gesunden Führung. Vor allem Letzteres ist bei einer so gesundheitsbelasteten Zielgruppe wie den Erziehern/-innen ein sehr großes Führungsthema – denn nur gesunde Mitarbeiter/-innen bleiben Ihnen langfristig erhalten und können nachhaltig gute Arbeit leisten.

Jede Leitung führt anders und hat andere Werte

Alle diese Aufgaben füllen Sie mit Ihrer individuellen Führungspersönlichkeit aus. Das heißt, jede Leitung erfüllt Ihre Führungsrolle

Abb. 8.1 Aufgaben einer Kita-Leitung

anders, weil jeder Mensch andere Werte besitzt und unterschiedliche Prioritäten setzt. Sie haben bereits ausführlich gehört, wie wichtig Wertschätzung ist, doch nützt es niemandem etwas, wenn Sie sich die Wertschätzungsidee einfach überkrempeln und über Ihre Persönlichkeit stülpen. Nein, zuerst sollten Sie sich Ihrer Persönlichkeit und Ihrer Werte bewusst werden, um sich darüber klar zu werden, was Ihnen wichtig ist und welche Kompetenzen und Visionen Sie haben. Erst wenn Sie den Ist-Zustand Ihrer individuellen Führungspersönlichkeit bestimmt haben, können Sie damit beginnen, ein wertschätzendes Führungsverständnis zu verinnerlichen.

So entdecken Sie Ihre persönlichen Top-5-Werte

In einem ersten Schritt geht es darum, Wertschätzung sich selbst gegenüber zu entwickeln und damit den eigenen „Selbst-Wert" bewusst zu stärken. Hierzu ist es notwendig, sich der Priorität seiner Werte im Klaren zu sein, da wir nicht in der Lage sind, unsere Energie in alle Werte gleichzeitig zu investieren. Das heißt im Klartext: Machen Sie sich Ihre Werte bewusst, priorisieren Sie und nehmen Sie Ihre Werte an. Wie Sie den Ist-Zustand Ihrer Führungspersönlichkeit bestimmen, erfahren Sie in Abb. 8.2. Zunächst sollten Sie sich mit der Frage auseinandersetzen, was Ihnen in Ihren verschiedenen Lebensbereichen wichtig ist. Überlegen Sie, welche zehn Werte Ihnen jeweils in Beruf, Freundschaft und Familie, Ich und Persönlichkeit, Gesundheit sowie Finanzen am wichtigsten sind. Wenn Sie Schwierigkeiten haben, sich Ihrer Werte

Abb. 8.2 Meine Werte und Visionen: So bestimmen Sie den Ist-Zustand Ihrer Führungspersönlichkeit

bewusst zu werden, fragen Sie sich, wann Sie sich wichtig vorkommen und woraus Sie Selbstvertrauen ziehen. In welchen Momenten schenken Sie sich Respekt und sind stolz auf sich? Welche Erfolge haben Sie besonders zufrieden gemacht, worauf besinnen Sie sich in Stresssituationen und wann fühlen Sie sich besonders wohl und glücklich? Betrachten

Sie dazu die Beispielwerte in der nachfolgenden Textbox, oder nehmen Sie die Werte, die Ihnen intuitiv in den Sinn kommen. Schreiben Sie alle Werte auf, die für Sie persönlich wichtig sind. Gehen Sie Ihre Liste nochmals durch, und streichen in jedem Lebensbereich so viele Werte durch, bis nur noch die drei wichtigsten Werte übrig bleiben. Priorisieren Sie diese noch: Welcher Wert steht an erster, welcher an zweiter und welcher an dritter Stelle? Vergleichen Sie nun die Werte, die noch übrig sind, hören Sie tief in sich hinein, und entscheiden Sie intuitiv, welche fünf Werte Ihre absoluten Top-5-Werte darstellen, auf die Sie nicht verzichten können.

Beispielwerte – Potenzielle Werte, die für Sie wichtig sein könnten

Abenteuer – Abwechslung – Aktivität – Anerkennung – Ansehen – Anziehungskraft – Attraktivität – Aufrichtigkeit – Aussehen – Ausstrahlung – Authentizität – Bedeutung – Beförderung – Begeisterung – Beharrlichkeit – Beliebtheit – Besitz – Bewunderung – Beziehungsfähigkeit – Bindung – Bindungsfähigkeit – Charisma – Ehrgeiz – Ehrlichkeit – Eloquenz – Entfaltungsfreiheit – Entwicklung – Erfolg – Erholung – Familie – Fitness – Fortschritt – Freigiebigkeit – Freiheit – Freizeit – Freude – Freundschaft – Geborgenheit – Gelassenheit – Geselligkeit – Geld – Genuss – Gesundheit – Gerechtigkeit – Glück – Harmonie – Häuslichkeit – Heiterkeit – Höflichkeit – Humor – Intellekt – Intelligenz – Karriere – Kinder – Kreativität – Lebensfreude – Lebensstil – Leistung – Lernen – Liebe – Macht – Mobilität – Nachhaltigkeit – Nostalgie – Offenheit – Optimismus – Ordnung – Partnerschaft – Perfektionismus – Pflichterfüllung – Pflichtgefühl – Pünktlichkeit – Reichtum – Respekt – Romantik – Rückhalt – Ruhe – Selbstwert – Sexualität – Sicherheit – Sieg – Sinn – Sorgfalt – Sportlichkeit – Sympathie – Teamfähigkeit – Toleranz – Tradition – Treue – Überlegenheit – Unabhängigkeit – Unbekümmertheit – Ungebundenheit – Unternehmungslust – Veränderung – Verantwortungsbewusstsein – Vergnügen – Vertrauen – Vision – Wachstum – Wertschätzung – Wohlstand – Zielstrebigkeit – Zugehörigkeit – Zukunftsorientierung – Zuverlässigkeit

Reflektieren Sie nun diese fünf Werte: Wo in Ihrem Leben und Ihrer Position als Kita-Leitung machen sich diese Werte bemerkbar? Sind es Werte, die Ihnen gut tun und mit denen Sie sich identifizieren können? Können Sie Ihre persönlichen Werte in Einklang mit den Grundwerten von Wertschätzung bringen? Wenn ja, welche Verbindung haben Ihre Werte zur Wertschätzung, und wenn nein, was steht Ihnen dabei im Weg?

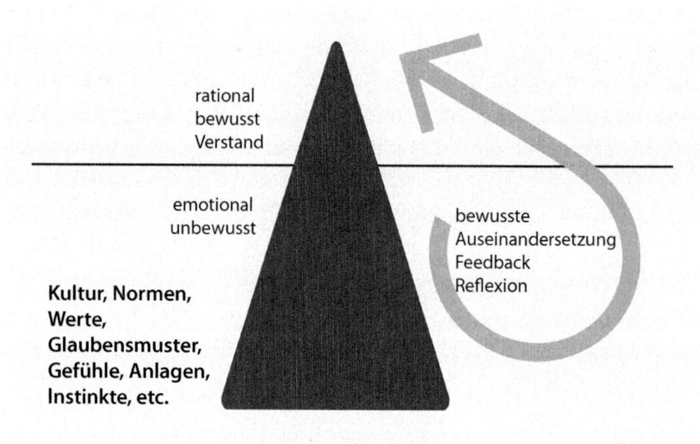

Abb. 8.3 Das Eisberg-Modell

Gehen Sie nun weiter zur nächsten Frage, wie für Sie die ideale Kita-Führung aussieht. Welche drei Merkmale sollte sie haben? Welche Werte sollte sie verinnerlichen? Sind Ihre 5-Top-Werte dabei?

Atmen Sie tief durch, und schließen Sie die Augen: Wie sieht Ihre ideale Kita aus? Wie sollte der Umgang zwischen Ihnen als Leitung und den Mitarbeitern/-innen aussehen? Welche Rolle spielt Wertschätzung dabei?

So reflektieren Sie Ihre Top-5-Werte und Ihre Visionen einer Kita-Führung

Reflexion macht unbewusste Verhaltens- und Wertemuster bewusst und veränderbar

Nur wenn Sie sich mit all diesen Fragen in Ruhe auseinandersetzen, können Sie auch kongruent und authentisch im Einklang mit Ihren Werten bewusst handeln und sich Ziele setzen!

Jetzt werden Sie sich vielleicht fragen, warum Sie sich alle diese Fragen stellen sollen – vielleicht denken Sie, Sie wüssten bereits Bescheid über Ihre Werte und würden diese schon leben. Leider können Sie und alle anderen Menschen sich darüber nie ganz sicher sein, denn unsere Persönlichkeit ist wie ein Eisberg (Abb. 8.3) konstruiert. Nur eine kleine Spitze stellt unseren bewussten und rationalen Teil dar. Dabei bleibt uns der größte Teil, nämlich der unserer Emotionen, unserer Werte und unserer Glaubensmuster – unser emotionales Gedächtnis sozusagen – weitgehend unbewusst und verborgen. Das ist unser implizites Wissen, wie wir bestimmte Dinge erledigen, wie wir z. B. bei Konflikten und in Stresssituationen reagieren, wie wir uns im Alltag verhalten, welche Glaubenssätze wir vertreten – all das wird uns nur bewusst, wenn wir es reflektieren und uns bewusst damit auseinandersetzen.

Verinnerlichen Sie eine wertschätzende Haltung anderen gegenüber

Als Kita-Leitung sollten Sie sich also bewusst werden über Ihre berufliche Identität, über Ihre eigenen Vorstellungen und Wünsche und über das, was Ihnen an Ihrer Arbeit wichtig ist. Über eine Bewusstmachung wird das Wissen zugänglich und veränderbar. Indem Sie nun gerade den Ist-Zustand Ihrer Führungspersönlichkeit bestimmt haben, konnten Sie Ihre berufliche Identität, Ihre Rolle als Führungskraft und Ihre Handlungsmodelle reflektieren und an die rationale Spitze des Eisberges holen! Sie haben Ihr Persönlichkeitsprofil reflektiert, und auf

Basis Ihrer eigenen Wertvorstellungen sollten Sie sich weiter vor Augen führen, dass es viele verschiedene Arbeitsweisen und pädagogische Haltungen gibt. Vergegenwärtigen Sie sich, dass in der frühen Bildung viele unterschiedliche Persönlichkeiten tätig sind und auch die Mitglieder Ihres Teams jeweils aus einem unterschiedlichen Hintergrund kommen. Die Fachkräfte können daher unterschiedlichen Generationen, Kulturen und Alter angehören und verschiedene Werte vertreten. Auch die Persönlichkeit wirkt sich auf die Art und Weise des pädagogischen Handelns aus. Somit hat ein/e Erzieher/-in beispielsweise eine strengere Art, ein/e andere/r ist feinfühliger, und jemand anderes tritt wiederum etwas robuster auf. Es ist wichtig, dass Sie sich verinnerlichen, dass Ihr Team, wie auch die Kinder und Eltern in Ihrer Kita, vielfältig sind. Jedes Teammitglied kommt woanders her, hat eine andere Kultur, eine andere Sprache, es gibt Jungen und Mädchen, Eltern mit unterschiedlichem sozialen Hintergrund, reiche und ärmere Familien sowie viele weitere Unterschiede. Eine wertschätzende Haltung zeichnet sich durch Offenheit, Ehrlichkeit und authentisches Auftreten sowie durch eine wohlwollende und freundliche Art jedem Individuum gegenüber aus. Dabei sind die Akzeptanz, die Toleranz und der Respekt gegenüber jedem Menschen in der Bildungseinrichtung zentral für ein wertschätzendes Führungsverständnis.

Eine Persönlichkeitsmarke zeigt Ihre Kompetenz und macht Sie unverwechselbar

Jetzt, da Sie sich mit Ihrer Führungspersönlichkeit vertraut gemacht haben, können Sie sich überlegen, ob Sie sich weiter zur Persönlichkeitsmarke entwickeln und Ihr Profil mit Human Branding schärfen möchten! Marken werden doch nur von Unternehmen kreiert, werden Sie vielleicht denken. Was hat denn nun eine Marke mit Ihnen als Führungskraft zu tun? Human Branding beschäftigt sich damit, wie man im Sinne des Selbstmarketings eine Marke aus sich selbst macht und die eigene „Human Brand“ oder „Marke Ich“ prägt, indem Sie sich Ihrer Stärken bewusst werden und den Nutzen daraus für Ihre Arbeitsbeziehungen ziehen. Werden Sie als Persönlichkeit mit Ecken und Kanten sichtbar, und fokussieren Sie das, was Sie unverwechselbar macht (◘ Abb. 8.4)! Wir alle haben bestimmte Bilder im Kopf, wenn wir an Kollegen/-innen und Vorgesetzte denken – und umgekehrt rufen wir bei anderen auch solche Bilder hervor. Wir möchten Sie dazu einladen, sich mit der Frage zu beschäftigen, was andere über Sie denken. Die meisten Menschen sind es nur gewohnt, sich in besonderen Situationen wie etwa in einem Vorstellungsgespräch zu präsentieren. Dabei verändert sich unser Bild in den Köpfen der Anderen ständig, und zwar mit jeder Begegnung, jedem Erlebnis und jedem Gespräch. Das sollten Sie nutzen! Jede Marke verspricht einen Nutzen und ein bestimmtes Qualitätsniveau und transportiert ein Image. Es geht dabei nicht darum, für sich Werbung zu machen und falsche Versprechen zu geben – vielmehr ist es wichtig, herausfinden, welche Ihrer Persönlichkeitsmerkmale eine prägnante Botschaft schaffen können, an die sich andere erinnern und die Vertrauen schafft. Der Nutzen Ihrer Marke sind Ihre fachlichen und persönlichen Kompetenzen als Kita-Leitung, Ihre Schlüsselkompetenzen, Ihre Berufserfahrung und wie Sie beides angemessen und

Abb. 8.4 Von der Führungspersönlichkeit zur Persönlichkeitsmarke: So schärfen Sie Ihr Profil mit Human Branding

situationsbedingt einsetzen, definiert Ihr persönliches Qualitätsniveau. Ihr Image ist Ihre Persönlichkeit, mit der Ihr Umfeld den Nutzen und die Qualität verknüpft! Beispiele wären fachlich-bezogene Marken wie „die Expertin für Wertschätzung" oder aber mehr auf persönliche Kompetenzen abgestimmt, wie „die Diplomatin" oder „die Mediatorin". Alle

Ihre fachlichen und persönlichen Kompetenzen schmelzen zu Ihrer Persönlichkeitsmarke zusammen.

In einem nächsten Schritt sollten Sie den Blick für Ihre eigenen fachlichen Kompetenzen schärfen und ein Selbstbild wie auch ein Bewusstsein für Ihre positiven Eigenschaften entwickeln, die Sie früher und heute erfolgreich gemacht haben. Um Ihre Fähigkeiten und Kompetenzen zu erforschen, stellen Sie sich folgende Fragen:

- Was macht mich erfolgreich und warum?
- Welche Themen und Fragen möchten meine Mitarbeiter/-innen oder Kollegen/-innen mit mir besprechen?
- Was schätzen meine Mitarbeiter/-innen oder Eltern an mir und meiner Arbeit?
- Welche Zuschreibungen machen meine Kollegen/-innen und Mitarbeiter/-innen bei mir?

Ihre persönlichen Stärken und Kompetenzen können Sie identifizieren, indem Sie zurückschauen, welche Aufgaben Sie schon bewältigt haben. Welche Charaktereigenschaften schreiben Ihnen auch Freunde und Familie im Privatleben zu? Bedenken Sie, welche Stärken Sie im Beruf weitergebracht haben, und fragen Sie sich:

- Welche Rolle nehme ich im Beruf, im Freundeskreis, in der Familie und in meiner Freizeit ein?
- Was würden Mitarbeiter/-innen, Kollegen/-innen, Freunde und Eltern über mich sagen? (Es bietet sich an, tatsächlich zu fragen: Was macht mich aus? Womit bringen sie mich in Verbindung? In welchen Fällen würden sie gerade mich kontaktieren? Warum bin ich dafür der beste Ansprechpartner?)
- Bei welchen Anliegen werde ich um Rat gefragt? Warum ist das so?
- Was erscheint mir schon ganz selbstverständlich, und was mache ich schon besonders lange?

Dringen Sie nun zum Kern Ihrer Persönlichkeitsmarke vor, der Ihre fachlichen, methodischen und persönlichen Kompetenzen miteinander kombiniert. Erweitern Sie Ihre Perspektive noch um Gedanken über Ihre Werte, Vorbilder und Visionen, und fragen Sie sich:

- Welche Werte sind mir wichtig?
- Wer sind meine Vorbilder?
- Was sind meine Visionen und Lebensziele?
- Was ist mein Beitrag im Leben? Was ist der Sinn und Zweck meines Tuns?
- Was macht für mich eine gute Kita-Leitung aus?
- Wie sollen sich meine Mitarbeiter/-innen fühlen? Was möchte ich Ihnen vermitteln?

Überzeugen Sie mit Ihrer Persönlichkeitsmarke

Sind Sie nun Ihren Fähigkeiten und persönlichen Kompetenzen auf die Spur gekommen? Beziehen Sie, wenn möglich, auch Freunde oder

Vertraute in Ihre Überlegungen ein, und diskutieren Sie alleine oder gemeinsam, welcher Markenkern sich aus Ihren Antworten oder Einschätzungen ergibt. Entwickeln Sie daraus einen Slogan, der Ihre besonderen Merkmale auf den Punkt bringt. Kreieren Sie eine knappe Botschaft, die Sie innerlich abrufen können, um Ihr Bewusstsein für Ihre Marke zu schärfen. Ihre Präsenz und Ihre Ausstrahlung verändert sich bereits dadurch, dass Sie Ihre Erfolge und Ihre besonderen Kompetenzen visualisiert haben! Was könnte Ihr Markenzeichen sein, das nur Sie ausmacht? Andere sehen Ihnen an, was Sie über sich denken! Stellen Sie Ihre Kerneigenschaften immer wieder heraus, und vermitteln Sie diese nach außen, wenn Sie im Gespräch mit anderen sind. Menschen, die ihr Licht immer wieder unter den Scheffel stellen, werden irgendwann – selbst obwohl sie sehr gute Fähigkeiten haben – von anderen als nicht so kompetent wahrgenommen. Nutzen Sie die Kraft Ihrer Persönlichkeitsmarke, und sorgen Sie dafür, dass andere Sie mit Ihrer Markenbotschaft automatisch in Verbindung bringen. Weisen Sie in geeigneten Situationen auf Ihre Expertise hin, und sagen Sie, dass das genau Ihr Thema ist und dass Sie sich schon lange damit beschäftigen. Warten Sie nicht darauf, dass man Ihnen bestimmte Eigenschaften zuschreibt, sondern schreiben Sie sich selbst zu, und schaffen Sie in den Köpfen der anderen klare Verbindungen zwischen Ihnen und Ihrer Markenbotschaft. Übernehmen Sie in Ihrer Organisation – je nach Größe und Struktur – verantwortungsvollere Aufgaben in Ihrem Kernbereich, und gewinnen Sie dadurch weitere Qualifikationen für die Zukunft. Zudem werden die Menschen in Ihrem beruflichen Umfeld Ihre persönlichen Markeneigenschaften an andere wiedergeben, wenn diese sich über Sie informieren. Machen Sie sich selbst immer wieder deutlich, wann und warum Sie mit Ihren Eigenschaften und Kompetenzen erfolgreich waren und wie Sie diese Eigenschaften entwickelt haben. Wenn Sie sich und Ihrer Marke vertrauen, werden Ihnen auch Ihre Mitarbeiter/-innen, Kollegen/-innen und Kooperationspartner/-innen vertrauen.

8.2 Wie Sie die Grundhaltung einer wertschätzenden Kita-Führung annehmen

Die Grundhaltung wertschätzender Kita-Führung ist die Basis für wertschätzende Führung

Wertschätzend zu leiten heißt vor allem, die Grundwerte zu leben und sie wahrhaftig in der Haltung zu verankern. Vielleicht denken Sie, Sie würden Ihre Mitarbeiter/-innen bereits sehr gut beteiligen, haben aber in Wirklichkeit große Angst davor, Macht abzugeben, weil Sie sich einfach selbst nicht sicher genug in Ihrer Führungsrolle fühlen. Die zentralen Werte von wertschätzender Führung waren vielleicht bereits bei Ihren Werten dabei? Vielleicht aber müssen Sie sich diesen noch annähern: Es handelt sich um Respekt, Toleranz, Anerkennung der Vielfalt, Offenheit, Ehrlichkeit, Authentizität, Achtsamkeit und Empathie. Carl Rogers hat in seiner personzentrierten Psychotherapie die Grundhaltung, bestehend aus Empathie, Akzeptanz, Kongruenz, Vertrauen und

Abb. 8.5 Die Wertschätzungsbrille: Die Grundhaltung einer wertschätzenden Kita-Führung

Neugierde, als wesentlich für einen guten Therapieprozess befunden. Nun sind Sie ja kein Therapeut, denken Sie sich, doch ist diese Haltung, von der Rogers spricht, der Kern wertschätzender Führung! Personzentriert heißt, dass Sie diese Haltung einer jeden Person gegenüber einnehmen sollten, also gegenüber Ihren Mitarbeitern/-innen, gegenüber den Eltern und gegenüber den Kindern! Setzen Sie sich die „Wertschätzungsbrille" auf, und nehmen Sie die Grundhaltung wertschätzender Kita-Führung an (Abb. 8.5)!

Empathie bedeutet, die/den Andere/n verstehen zu wollen und mitzufühlen

Gehen wir die einzelnen Elemente der personzentrierten Haltung zusammen durch: Empathie bedeutet nicht-wertendes einfühlendes Verstehen: Sie versuchen, die/den Andere/n zu verstehen, so wie sie/er sich selbst sieht. Sie fühlen sich ein und versuchen, ihre/seine Welt so zu erfassen, wie sie/er diese wahrnimmt. Wichtig ist, dass Sie den Wunsch haben und äußern, zu verstehen, was in ihrer/seiner Erlebniswelt passiert und sich in sie/ihn hineinversetzen: Sie übernehmen allerdings nicht ihre/seine Gefühlswelt, Sie fühlen nur mit! – Ein gesundes Herz fühlt mit, ein mitleidendes Herz verletzt sich selbst! – Empathisch sein ist eine sehr wertvolle Eigenschaft, vor allem für Sie als Kita-Leitung, denn das Mitgefühl für andere und die daraus resultierende Bereitschaft, sich in die Stimmungen anderer Menschen hineinzuversetzen, ist eine wundervolle Gabe. Empathie ist das, was Ihre Kita-Mitarbeiter/-innen von Ihnen brauchen: Sie möchten, dass sich jemand in sie einfühlt und sich für Ihre Bedürfnisse interessiert (denn oft kommen die Bedürfnisse der Menschen, die im sozialen Bereich arbeiten, zu kurz). Alleine, dass Sie den Wunsch und das Interesse haben, beispielsweise eine/n Mitarbeiter/-in zu verstehen, zeigt bereits Ihre Wertschätzung! Die einzige Schwierigkeit bei der Empathie ist, dass sehr einfühlsame Menschen oft die Emotionen ihrer Mitmenschen eben nicht nur mitfühlen, sondern sozusagen mit erleiden – es fällt ihnen extrem schwer, sich abzugrenzen. Sollte das auf Sie zutreffen, ist es wichtig, dass Sie gut auf Ihre Grenzen achten! Wenn Sie Ihre Mitarbeiter/-innen verstehen wollen, leben Sie „das Prinzip der offenen Tür“, und lassen Sie Ihre Bürotür geöffnet. So vermitteln Sie Ihrem Team und den Eltern, dass Sie immer ein offenes Ohr haben und sie mit ihren Anliegen jederzeit zu Ihnen kommen können!

Einladung zur Selbstreflexion – Bin ich empathisch?

- Merken Sie schnell, wenn es Mitarbeitern/-innen schlecht geht?
- Spüren Sie, wenn andere Menschen Sie anlügen oder etwas anderes sagen, als sie meinen?
- Müssen Sie manchmal mitweinen, wenn Ihnen ein Freund etwas sehr Trauriges erzählt?
- Haben Sie Mitleid mit anderen Menschen, wenn es Ihnen schlecht geht?
- Freuen Sie sich mit anderen Menschen, wenn diese sich freuen?
- Können Sie gut zuhören?
- Fällt es Ihnen manchmal schwer, sich emotional von anderen abzugrenzen?
- Nehmen Sie Stimmungen von anderen wahr, und lassen Sie sich davon manchmal beeinflussen?
- Kostet Sie der Umgang mit vielen Menschen Energie?
- Vertrauen sich Menschen aus Ihrem Umfeld Ihnen oft an?
- Können Sie in Konflikten gut vermitteln?

Akzeptanz heißt im weiteren Sinne die Anerkennung der Vielfalt: Sie bringen jedem Menschen in Ihrer Kita Wertschätzung, emotionale Wärme und Wohlwollen entgegen – unabhängig davon, welche Fähigkeiten er/sie hat und welche Gefühle er/sie gerade ausdrückt. Holen Sie ihn/sie da ab, wo er/sie steht! Bedingungslose Akzeptanz bedeutet, den/die Andere/n so anzunehmen und zu respektieren, wie er/sie ist – ohne es an Bedingungen zu knüpfen. Alle Ihre Mitarbeiter/-innen und Eltern sind, wie auch die Kinder, Personen mit einem eigenen Wert und individuell verschieden. Dennoch sollten sie für Sie als Leitung alle gleich viel wert sein und uneingeschränkt wertgeschätzt werden – so wie sie sind, mit all ihren Stärken und Schwächen. Sehr problematisch ist es, wenn Sie als Führungskraft Mitarbeiter/-innen abwerten – das ist das Gegenteil von Akzeptanz, denn jeder Mensch handelt nach seinen Möglichkeiten und Fähigkeiten. Nun befürchten Sie vielleicht, dass Sie hier entgegen Ihren Führungsaufgaben arbeiten, schließlich sind Sie nicht dazu da, sich ständig in alle Mitarbeiter/-innen einzufühlen! Keine Sorge, diese Haltung der Akzeptanz steht nicht im Widerspruch zur Ihrer Aufgabe als Kita-Leitung, Leistungen zu bewerten und klar in der Zielsetzung zu sein. Wenn Sie Akzeptanz zeigen, sind Sie deshalb nicht sofort mit jedem Verhalten einverstanden. Sie stimmen nicht allem zu und stellen Ihre eigenen Meinungen und Gefühle nicht hintan. Wertschätzung und Akzeptanz heißt, dass Sie die Gefühle Ihres Gegenübers annehmen und sie ihm zugestehen. Ihre Mitarbeiter/-innen dürfen enttäuscht, wütend oder glücklich sein: Sie sollten ihnen die benötigte Zeit geben und zu jeder Zeit die Verantwortung bei dem/der Anderen lassen und sie nicht übernehmen!

Akzeptanz bedeutet, die/den Andere/n bedingungslos anzunehmen und wertzuschätzen

Einladung zur Selbstreflexion

- Gehen Sie alle Ihre Mitarbeiter/-innen durch: Wie stehen Sie zu jedem/jeder Einzelnen?
- Wie denken Sie, steht jede/r Mitarbeiter/-in zu Ihnen?
- Akzeptieren Sie jede/n Mitarbeiter/-in so wie er/sie ist?
- Wie sehen Sie sich selbst gegenüber den Mitarbeiter/-innen: Empfinden Sie sich als höherwertig?
- Wie stehen Sie den Eltern gegenüber: Akzeptieren Sie alle, oder verurteilen Sie manche?
- Wenn Sie Mitarbeiter/-innen oder Eltern ablehnen, woran liegt es Ihrer Meinung nach?

Jetzt kommen wir zur dritten Säule der wertschätzenden Haltung – der Kongruenz: Wenn Sie sich kongruent verhalten, sind sie echt, stimmig und authentisch. Sie handeln in Übereinstimmung mit Ihren Gefühlen. Sie sagen „Ja", wenn Sie „Ja" meinen und „Nein", wenn Sie „Nein" meinen. Nur, wenn Sie ganz echt in Ihrem Verhalten sind, können auch

Kongruenz bedeutet, dass Ihr Verhalten im Einklang mit Ihrer Haltung und Ihren Werten ist

die ersten beiden Haltungen erfolgreich beim Gegenüber ankommen. Hat ein/e Mitarbeiter/-in das Gefühl, Sie meinen es nicht ernst oder möchten sie/ihn gar manipulieren oder täuschen, geht dies nach hinten los, und sie/er wird sich gekränkt fühlen. Je besser Sie sich selbst kennen, desto authentischer können Sie sich in andere einfühlen und sie ehrlich annehmen und wertschätzen. Je stimmiger und kongruenter Sie sich gegenüber Ihren Mitmenschen verhalten, desto besser können Sie sich in die/den Andere/n einfühlen und ihr/ihm Ihre Wertschätzung und Akzeptanz vermitteln!

Einladung zur Selbstreflexion

- Wie kongruent sind Sie in Ihrem Verhalten?
- Handeln Sie manchmal inkongruent?
- Verwenden Sie häufig das Wort „eigentlich"?
- Sagen Sie manchmal „Ja", wenn Sie eigentlich „Nein" meinen?
- Versuchen Sie manchmal, Mitarbeiter/-innen zu manipulieren?

Die wertschätzende Grundhaltung fördert die Entwicklung Ihrer Mitarbeiter/-innen

Darüber hinaus sollten Sie Zutrauen darin haben, dass Ihr Gegenüber – sei es ein/e Mitarbeiter/-in oder auch Eltern – ihre Fähigkeiten ausbauen können und sich entwickeln werden. Je mehr Sie an Ihr Gegenüber glauben und je besser Ihre Erwartungen sind, desto mehr tragen Sie zur positiven Entwicklung des/der Anderen bei – denn Menschen verhalten sich nach den Erwartungen, die man an sie stellt. Seien Sie zugleich neugierig auf die/den Andere/n und ihre/seine Wirklichkeit. Denn so wie in der Fabel jeder der sieben Mönche den Elefanten anders erlebt und seine eigene Wahrheit hat (► Kap. 2), so hat auch jeder Ihrer Mitarbeiter/-innen und Eltern seine/ihre ganz eigene Wahrheit – zeigen Sie ehrliches Interesse, und gehen Sie auf Erkundung! Verhalten Sie sich anderen Menschen gegenüber mit Empathie, Akzeptanz und Kongruenz, dann fühlen sich diese angenommen und nehmen sich selbst an. In einem angstfreien Klima ist es Ihren Mitarbeitern/-innen möglich, sich für Veränderungen zu öffnen und Zugang zu ihren eigenen Fähigkeiten und Möglichkeiten zu finden. Durch die Stärkung des Selbstvertrauens wird die Übernahme von Selbstverantwortung und Eigenständigkeit gefördert!

Eine wertschätzende Grundhaltung braucht Partizipation und Mitarbeiterbeteiligung

Aus der Grundhaltung wertschätzender Kita-Kultur, die auf der personzentrierten Haltung von Rogers beruht, folgt neben der Anerkennung von Vielfalt und Diversität eine weiterer wichtiger und zentraler Wert für Ihr Führungsverständnis: Es geht dabei um Partizipation, Mitarbeiterorientierung und -beteiligung! Wichtig ist, die Verantwortung bei den Mitarbeitern/-innen zu lassen und sie dadurch zu beteiligen. Davor sollten Sie Ihren Bezug zur Macht reflektieren, denn Partizipation hat immer etwas damit zu tun, Macht abzugeben. Wertschätzend zu führen bedeutet auch, zu beteiligen und mitarbeiterorientiert und partizipativ zu führen, indem die betroffenen Mitarbeiter/-innen an der pädagogischen und organisationalen Gestaltung beteiligt werden. Dadurch wird ihnen das Gefühl vermittelt, dass sie wichtig sind und in ihrem Wert geschätzt werden. Auch Vertrauen ist eine sehr wichtige Basis, die sich in folgenden Handlungen gegenüber den Mitarbeitern/-innen zeigt: In Entscheidungen mit einbeziehen, um Rat bitten, Verantwortung abgeben, Aufgaben delegieren. Sie eigenverantwortlich arbeiten lassen und hinter ihnen stehen, ihnen den Rücken stärken, wenn sich Eltern beschweren und sie als gleichwertige Teammitglieder sehen. Das ist alles nicht einfach – trauen Sie sich, loszulassen und Ihren Mitarbeitern/-innen die Selbstverantwortung zu übergeben! Sie werden zum einen entlastet und müssen nicht mehr für alle mitdenken, zum anderen stärken Sie die Kompetenz Ihrer Mitarbeiter/-innen! Dabei soll aber betont werden, dass eine genaue Kenntnis der Mitarbeiter/-innen und ihrer Fähigkeiten notwendig ist, um diese auch einschätzen zu können. Wenig förderlich ist es daher, wenn Mitarbeiter/-innen Aufgaben anvertraut werden, denen sie sich nicht mächtig und auch nicht gewachsen fühlen. Gerade die Arbeit mit Kindern ist sehr verantwortungsvoll und bedarf an der einen oder anderen Stelle auch der Kontrolle. Diese sollte aber mehr über ein Interesse und einen Diskurs der Auseinandersetzung erfolgen, die bestenfalls dazu führt, in dem/der Mitarbeiter/-in die eigene Verantwortlichkeit zu aktivieren. Wertschätzende Führung orientiert sich folglich an Ihren Mitarbeitern/-innen und ihren Bedürfnissen, darf dabei aber nicht die Ziele und Grundsätze der Bildungseinrichtung außer Acht lassen.

Einladung zur Selbstreflexion – Wie gehen Sie mit Macht und Partizipation um?

- Wie ist Ihr Umgang mit Macht? Haben Sie Ihre Macht als Leitung schon einmal ausgenutzt?
- Fällt es Ihnen leicht oder schwer, Macht abzugeben?
- Wissen ist Macht: Informieren Sie Ihre Mitarbeiter/-innen, oder halten Sie wichtige Informationen zurück?
- Machen Sie Ihre Entscheidungen transparent und für Ihre Mitarbeiter/-innen nachvollziehbar?
- Greifen Sie im Konfliktfall ein und übernehmen Verantwortung?
- Können Sie einen guten Vorschlag eines/einer Mitarbeiter/-in annehmen?

8.3 Wie Sie mit Selbst-Coaching gesund, gelassen und zufrieden bleiben

» Nur wer sich selbst managt, kann andere führen. (Warren Bennis)

Bleiben Sie durch Selbst-Coaching eine gesunde und gelassene Kita-Leitung

Unabhängig davon, wie lange Sie schon als Kita-Leitung tätig sind, werden Sie sicherlich bereits festgestellt haben, dass das Führen und Leiten einer Kita sehr anstrengend und belastend sein kann. Als Ansprechpartner/-in für Eltern, Mitarbeiter/-innen und Träger sitzen Sie sozusagen zwischen den Stühlen und haben die Aufgabe, zwischen den Parteien zu vermitteln. Schwierige Mitarbeiter/-innen, fordernde Eltern, ein hoher Krankenstand sowie organisatorisches Chaos bringen Sie womöglich an manchen Tagen an Ihre Grenzen. Egal, ob Sie erst am Anfang Ihrer Leitungstätigkeit stehen oder diese bereits viele Jahre lang ausüben – eine Kita zu leiten kann gleichermaßen Schwierigkeiten und Unsicherheiten mit sich bringen. Ob Sie erst in Ihre Führungsrolle finden müssen oder diese wieder neu definieren möchten: Wie auch immer Ihre ganz persönliche Führungsidentität aussehen mag – hier finden Sie Hilfestellungen, Tipps und Anregungen, wie Sie durch Selbst-Coaching im stressigen Kita-Alltag gesund, gelassen und zufrieden bleiben.

Übernehmen Sie Verantwortung, und coachen Sie sich selbst

Das wichtigste Werkzeug für Sie als Kita-Leitung sind Methoden und Strategien des Selbst-Coachings. Denn Sie mögen vielleicht auf das Wohl Ihrer Mitarbeiter/-innen schauen und darauf bedacht sein, dass es jedem/jeder Einzelnen gut geht – doch wer kümmert sich um Sie? Richtig, niemand – außer Ihnen! Der erste Schritt ist es, dass Sie die Verantwortung für sich selbst, Ihre Gesundheit und Ihre Ziele übernehmen. Zudem sollten Sie keine Angst davor haben, Fehler zu machen! Eine Führungsposition ist immer eine stetige Entwicklung – an jedem/jeder schwierigen Mitarbeiter/-in können Sie nur wachsen, an jedem Konflikt werden Sie gestärkt. Sie sind auch nur ein Mensch, Sie müssen nicht perfekt sein und nicht alles können – was Sie allerdings als Leitung tun sollten, ist sich stetig weiterentwickeln und lernen zu wollen. Denn die perfekte Kita-Leitung – die gibt es nicht!

Was ist Selbst-Coaching?

Was ist Selbst-Coaching eigentlich? Selbst-Coaching dient dazu, sich in Selbstverantwortung selbst zu steuern und sich persönlich zu entwickeln. Coaching sucht nicht die perfekte Lösung – denn die gibt es nicht –, sondern hilft Ihnen, sich mit Ihrem inneren „Betriebssystem" auseinanderzusetzen und ein besseres Gespür dafür zu bekommen, sich Ziele zu setzen und Entscheidungen zu treffen. Zum Teil haben Sie sich in Schritt 1 schon selbst gecoacht, als Sie Ihre Werte, Wünsche und Ziele reflektiert haben – dadurch haben Sie schon ein erstes Gespür für Ihr inneres Betriebssystem bekommen. (Selbst-)Coaching kann generell verschiedene Ziele und Themen haben wie Selbstwertgefühl, Motivation, Leistungsbereitschaft, Macht, Verantwortung und Konfliktbearbeitung. Je achtsamer Sie mit sich umgehen und je mehr Gespür Sie für sich selbst entwickeln, desto besser können Sie klären, welche Themen für Sie wichtig sind und wo Sie sich weiterentwickeln möchten. Das

Beste am Selbst-Coaching ist, dass Sie die Techniken, die Sie bei sich anwenden, auch bei Ihren Mitarbeiter/-innen anwenden können!

Buchtipp!
Fischer-Epe M, Epe C (2012) Selbstcoaching. Hintergrundwissen, Anregungen und Übungen zur persönlichen Entwicklung. Rowohlt, Hamburg

» Wer andere kennt, ist klug, wer sich selbst kennt, ist weise. (Laotse)

Um aber überhaupt erst Probleme bei sich zu coachen und sich persönlich weiterzuentwickeln, ist es wichtig, dass Sie sich selbst gut kennen bzw. kennenlernen! Wenn Sie sich gut kennen, kennen Sie auch Ihre Wünsche und Bedürfnisse sowie Ihre Grenzen und erste Überlastungszeichen. Eine sehr empfehlenswerte Methode dafür ist Achtsamkeit: Achtsamkeit ist eine bestimmte Form der Aufmerksamkeit, die sich auf den gegenwärtigen Moment bezieht und nicht wertend ist. Ein achtsamer Mensch nimmt bewusst wahr, was im Moment geschieht, und lebt eine Haltung des Annehmens. Probieren Sie es selbst aus: Was nehmen Sie gerade in diesem Moment in Ihrem Körper wahr, welche Gedanken, Gefühle und Sinne bemerken Sie? Achtsam zu sein heißt geduldig zu sein, neugierig zu sein, Vertrauen in die innere Stimme zu haben und Situationen anzunehmen statt sie abzulehnen. Achtsamkeit bedeutet ein liebevoller, wertschätzender, achtsamer und mitfühlender Umgang mit sich selbst und das Ernstnehmen der eigenen Bedürfnisse.

Mit Achtsamkeit für sich sorgen und sich coachen

Vielleicht kennen Sie die Geschichte vom Geheimnis der Zufriedenheit: Suchende kamen zu einem alten Zen-Meister und fragten ihn, was er tut, um so glücklich und zufrieden zu sein. Sie wollten auch gerne so glücklich sein. Seine Antwort war: „Wenn ich liege, dann liege ich. Wenn ich aufstehe, dann stehe ich auf. Wenn ich gehe, dann gehe ich, und wenn ich esse, dann esse ich." Machen Sie es auch so wie der Zen-Meister? Oder denken Sie, während Sie liegen, bereits ans Aufstehen, und während Sie aufstehen überlegen Sie, wohin Sie gehen werden, und während Sie gehen, fragen Sie sich, was Sie essen werden? Dann leben Sie noch nicht achtsam, sondern immer in der Vergangenheit oder in der Zukunft, während Achtsamkeit bedeutet, bewusst im Hier und Jetzt zu leben. Regelmäßiges bewusstes Atmen macht Sie achtsamer und bringt Sie in Kontakt mit sich selbst!

Bewusstes Atmen
Das bewusste Atmen ist eine Grundlagentechnik der Achtsamkeit. Dadurch bringen Sie sich Achtsamkeit und die innere Haltung des Annehmens bei. Je öfter Sie es praktizieren, desto achtsamer werden Sie mit sich selbst und gewinnen einen besseren Zugang

zu sich selbst. Nehmen Sie sich täglich Zeit für sich, und sorgen Sie dafür, dass Sie komplette Ruhe haben.

1. Legen Sie sich, setzen oder stellen Sie sich bequem hin.
2. Atmen Sie durch die Nase ein, lassen Sie Ihren Atem fließen, wie er fließen möchte.
3. Erlaube Sie sich, alles bewusst wahrzunehmen: Ihren Atem, alle Ihre Körperempfindungen und alle Gefühle.
4. Erlauben Sie auch Ihren Gedanken, da zu sein. Nehmen Sie sie war, kehren Sie aber wieder zurück zu Ihrem Atem und beobachten ihn.
5. Erlauben Sie allem, so zu sein, wie es gerade ist – alles, was Sie spüren, gehört dazu und ist genau richtig so, wie es gerade ist.

Wenn Sie diese Übung täglich oder möglichst regelmäßig ausführen, werden Sie langfristig und nachhaltig einen besseren Zugang zu sich selbst entwickeln und auch innerhalb des Berufsalltags Ihre Bedürfnisse wahrnehmen können.

Buchtipp!

Iding D (2012) Der kleine Achtsamkeitscoach. Gräfe & Unzer, München

Achtsamkeit hilft Ihnen dabei, sich und Ihre Bedürfnisse besser kennenzulernen und Ihr „inneres Team" wahrzunehmen und zu reflektieren. Haben Sie schon mal etwas von dem Konzept des inneren Teams gehört? Auch Sie haben in sich Ihr Inneres Team; darin befinden sich verschiedene Gefühle, Wünsche und Persönlichkeitsanteile (■ Abb. 8.6).

Ihr inneres Team besteht aus vielen unterschiedlichen Persönlichkeitsanteilen

Manchmal kann es auch zu einem Konflikt kommen, wenn ein Teil in Ihnen sehr motiviert ist, ein anderer Teil aber eher Ruhe und Erholung braucht. Wenn Sie achtsam bei sich sind und Ihre Aufmerksamkeit nach innen lenken, können Sie herausfinden, welche Teile gerade aktiv sind und Sie womöglich beim Treffen einer Entscheidung behindern. So gibt es vielleicht den Richter, der über alle und auch Sie urteilt (eine Form des Über-Ichs), dann gibt es den Faulpelz (eine Form des Es) und sicherlich ganz viele andere Facetten wie die des inneren Kindes oder der selbstbewussten Führungskraft. Je mehr Sie in sich hineinhorchen, desto besser können Sie Ihre Ziele und Entscheidungen verfolgen. Wichtig ist nur, dass Sie sich kennen, es sich bewusst machen und nicht unbewusst davon geleitet werden!

Einladung zur Selbstreflexion

- Wie sieht Ihr inneres Team aus?
- Welche unterschiedlichen Persönlichkeitsanteile haben Sie?
- In welchen Situationen haben Sie Ihr inneres Team gespürt?

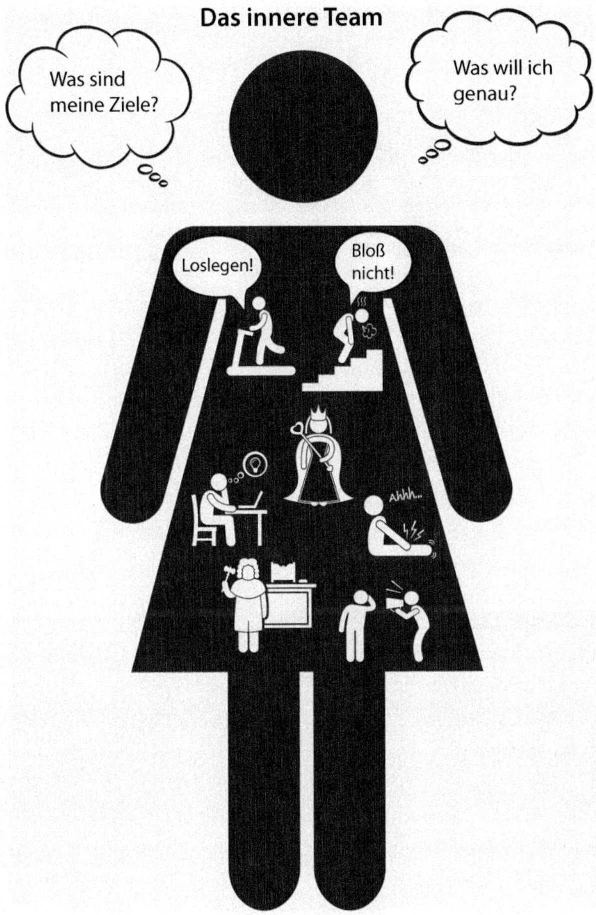

Abb. 8.6 Das innere Team

Buchtipp!
Holmes T, Holmes L (2014) Reisen in die Innenwelt. Systemische Arbeit mit Persönlichkeitsanteilen. Kösel, München

Wenn Sie Ziele formulieren, denken Sie daran, dass Sie sich nur Ziele setzen, die diesen Kriterien entsprechen: Ein Ziel sollten Sie selbst erreichen können, es sollte immer positiv sein, attraktiv-motivierend, sinnvoll und auch konkret und messbar sein (Abb. 8.7).

Setzen Sie Ziele richtig

Das sollten Sie beachten, wenn Sie sich selbst oder andere coachen. Im Folgenden finden Sie einen Leitfaden, wie Sie sich selbst bei einem konkreten Problem coachen können.

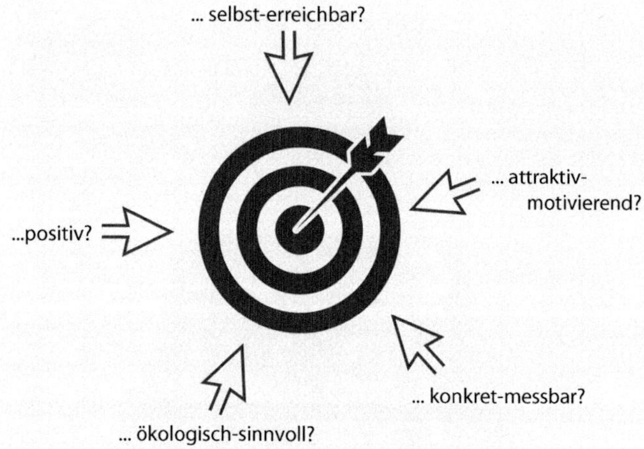

Abb. 8.7 Selbst-Coaching: Sich Ziele setzen und erreichen

Leitfaden für das Selbst-Coaching

Vielleicht haben Sie ja bereits ein konkretes Anliegen oder Problem in Ihrer Funktion als Kita-Leitung, das Sie angehen möchten. Womöglich haben Sie eine/n schwierige/n Mitarbeiter/-in oder aber Sie fühlen sich überlastet oder haben ein bestimmtes Ziel vor Augen. Wenn Sie durch Selbst-Coaching ein konkretes und überschaubares Ziel erreichen möchten, empfiehlt es sich, in vier Schritten vorzugehen:

- Definieren Sie das Ziel! – Wo möchten Sie hin, was möchten Sie erreichen? Formulieren Sie das Ziel positiv. Worauf möchten Sie zusteuern?
- Machen Sie sich Ihre Ressourcen bewusst! – Welche Fähigkeiten bringen Sie dafür schon mit? Welche äußeren Ressourcen können Sie noch nutzen?
- Entwickeln Sie Lösungen! – Sammeln Sie auf Papier Ideen, wie Sie vorgehen könnten. Spielen Sie die Ideen durch, und konkretisieren Sie Ihre Lösung!
- Sichern Sie die Umsetzung! – Planen Sie die Umsetzung, so dass Sie auch dran bleiben! Vereinbaren Sie mit sich einen Zeitpunkt, und sichern Sie sich Unterstützung!

Abschließend zum Selbst-Coaching möchten wir Sie anregen, ein Wertschätzungs- und Erfolgstagebuch zu führen (Abb. 8.8).

Führung Sie ein Wertschätzungs- und Erfolgstagebuch – es dient als Qualitätsbegleiter

Warum? Sie erleben als Kita-Leitung bestimmt immer wieder Erfolge. Vielleicht sind es manchmal kleinere Erfolge, aber auch hier und da größere. Die meisten Menschen nehmen allerdings oft nur Ihre Schwierigkeiten und Probleme war, nicht aber das, was gut läuft.

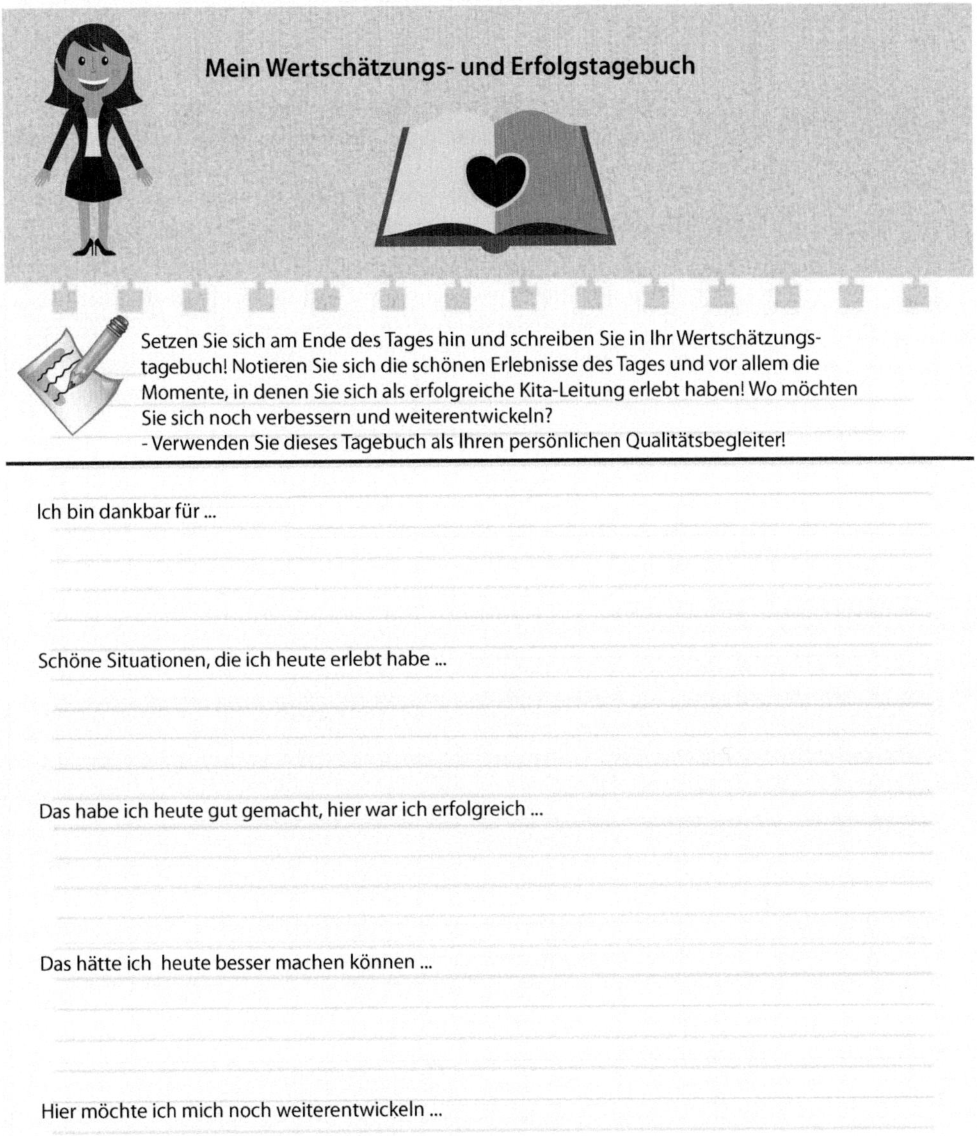

Abb. 8.8 Mein Wertschätzungs- und Erfolgstagebuch

Wenn Sie sich Ihre Erfolge nicht bewusst machen, stärken Sie auch nicht Ihr professionelles Leitungsselbstbewusstsein. Sie nehmen sie dann als selbstverständlich hin. Deshalb sollten Sie dieses Tagebuch – also eine Art Qualitätsbegleiter – dazu benutzen, Ihre persönlichen täglichen Erfolge einzutragen! Sie werden sehen, wie schön und aufbauend es sein wird, darin zu lesen. Womöglich gibt es auch sehr schöne

Situationen, die Sie mit Mitarbeitern/-innen, Eltern oder Kindern erlebt haben und über die Sie sich gefreut haben. Lassen Sie nicht die Defizite Macht über Ihr Leben und Ihre Arbeit gewinnen, sondern stärken Sie das Positive, halten Sie es für sich fest, und fokussieren Sie sich darauf. Nutzen Sie das Wertschätzungstagebuch auch dazu, aufzuschreiben, was Sie besser machen wollen und wohin Sie sich noch entwickeln möchten. Denn wenn Sie auch an manchen Tagen negative Gefühle haben und sich unzulänglich fühlen, sind diese Gefühle immer eine Chance zur Weiterentwicklung und bergen die Möglichkeit, bestimmte Situationen in Zukunft anders zu lösen und sich anders zu verhalten. So weisen Sie Schuldgefühle oder Wut darauf hin, dass es bessere Handlungsmöglichkeiten gegeben hätte, die Ihren oder den Bedürfnissen Ihrer Mitarbeiter/-innen besser entsprochen hätten. Also, nutzen Sie Ihr Wertschätzungs- und Erfolgstagebuch als neuen täglichen Qualitätsbegleiter!

Schritt 2: Wertschätzend kommunizieren

Julia Hitzenberger, Susanne Schuett

J. Hitzenberger, S. Schuett *Mitarbeiterführung in Krippe, Kindergarten & Hort,*
DOI 10.1007/978-3-662-49108-9_9

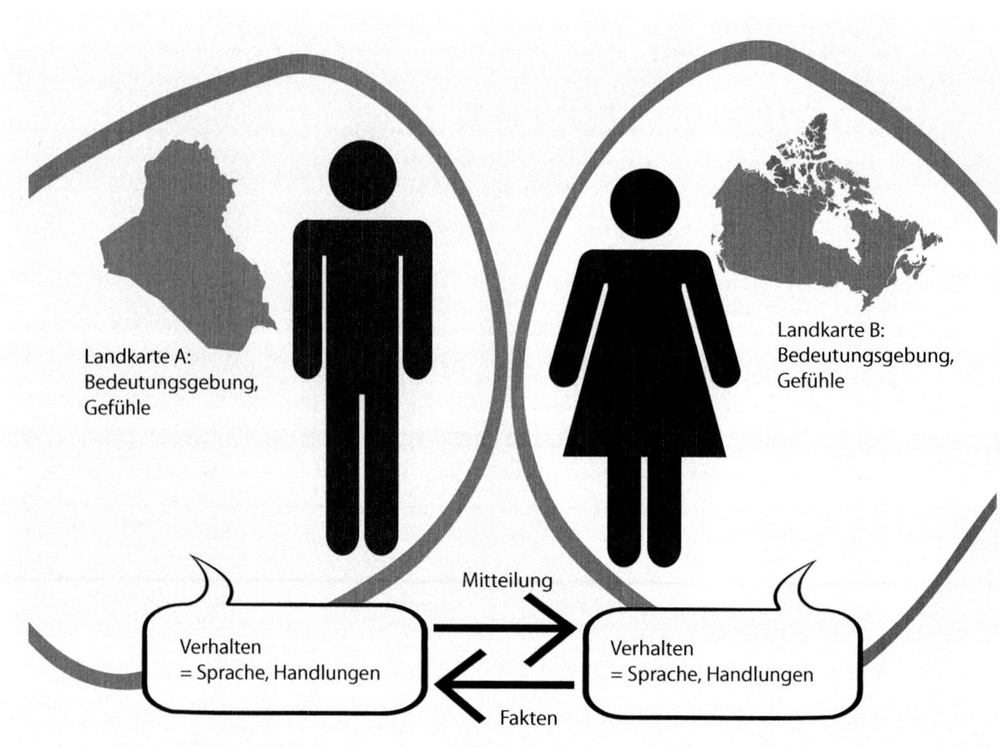

■ **Abb. 9.1** Kommunikation: Jede/r hat ihre/seine Landkarte

9.1 Wie Sie wertschätzend und gewaltfrei kommunizieren

Kommunikation bedeutet immer, dass zwei Menschen mit unterschiedlichen Gefühlslandkarten miteinander in Kontakt treten

Kommunikation ist für Sie als Kita-Leitung das wichtigste und effektivste Instrument, das Sie haben. Über Kommunikation wurden bereits unzählige Bücher geschrieben, es gibt zahlreiche Konzepte und Theorien darüber, und auch Sie werden sich selbst schon mit Kommunikation beschäftigt haben. Kennen Sie das auch, dass manche Gespräche trotz guter Vorbereitung nicht so laufen, wie Sie es sich vorgestellt haben? Manchmal scheinen zwei Gesprächspartner/-innen sich einfach nicht zu verstehen. Das mag daran liegen, dass jeder Mensch seine eigene Landkarte mit und in sich trägt, die sich aus seinem emotionalen Gedächtnis und seinen Glaubensmustern zusammensetzt (■ Abb. 9.1).

Wenn Sie sich an das Eisberg-Modell erinnern (► Kap. 8), so betrifft dies alle unbewussten Werte, Vorstellungen und Emotionen, die uns prägen, derer wir uns aber rational nicht vollkommen bewusst sind. Wenn zwei Menschen miteinander kommunizieren (■ Abb. 9.2), findet der Austausch von Fakten und Mitteilung zwar auf der bewussten Ebene statt, aber wir bewerten das Gesagte durch unsere Landkarte unbewusst mit Gefühls- und Bedeutungszuschreibungen

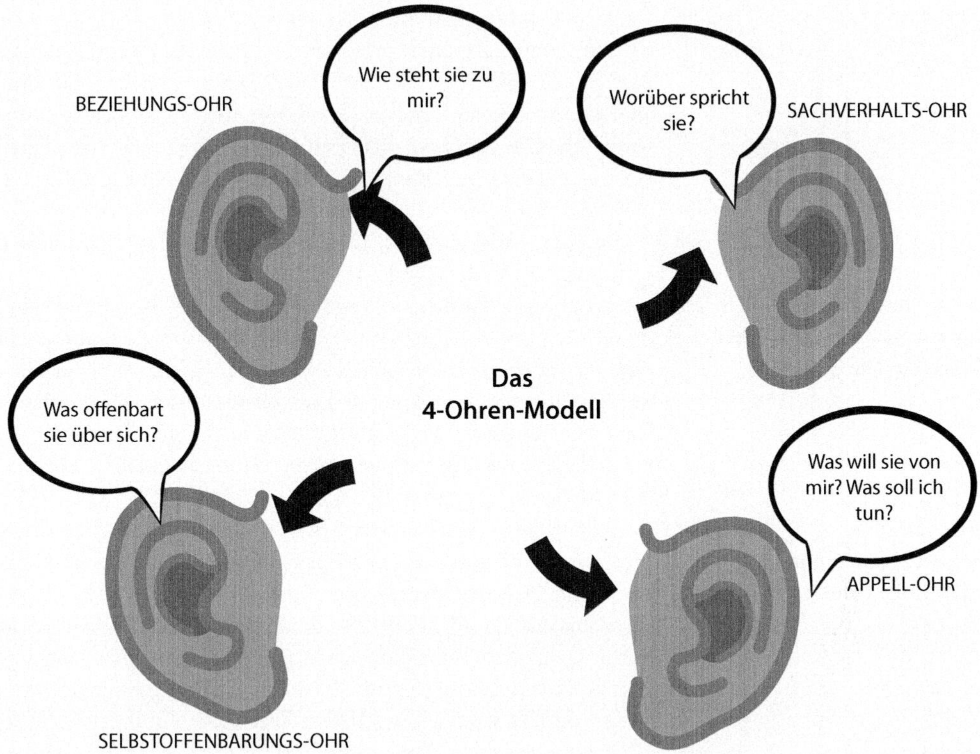

Abb. 9.2 Das Vier-Ohren-Modell nach Schulz von Thun

und handeln danach. Es treffen folglich zwei Systeme aufeinander, die ihrerseits wieder an andere Systeme gekoppelt sind. Das bedeutet für Sie als Kita-Leitung, dass nicht jede/r Mitarbeiter/-in auf Anhieb verstehen wird, was Sie konkret meinen. Es gibt einerseits sicherlich Kollegen/-innen, die einen ähnlichen Erfahrungsschatz und eine ähnliche Landkarte wie Sie haben – dort lacht man über dieselben Dinge und kommt schneller überein. Andererseits gibt es Menschen, die sich vielleicht schnell gekränkt fühlen von Aussagen, die Sie selbst ganz anders gemeint haben. Deshalb ist es wichtig, eine Verbindung zwischen beiden Landkarten herzustellen – die gewaltfreie Kommunikation bietet hierzu hilfreiche Strategien an, auf die wir später noch genauer eingehen werden

Jeder Mensch hat nicht nur seine eigene Gefühlslandkarte, sondern hört auch auf einem anderen Ohr: Das Vier-Ohren-Modell von Schulz von Thun (Abb. 9.2) zeigt die vier Ohren an, auf dem Menschen hören können: das Beziehungs-Ohr, das Appell-Ohr, das Selbstoffenbarungs-Ohr und das Sachverhalts-Ohr.

Nehmen wir ein klassisches Beispiel: Stellen Sie sich vor, Sie sitzen mit einer Freundin im Auto. Sie selbst sitzen am Steuer, und Ihre

Freundin sagt plötzlich: „Die Ampel ist grün." Was denken Sie? Auf welchem Ohr hören Sie diese Aussage?

Man könnte diese Aussage so verstehen, dass die Freundin nur einen Sachverhalt geschildert hat, dass eben die Ampel grün ist. Man könnte sich aber auch unter Druck gesetzt fühlen und die Aussage als Appell verstehen, dass man doch losfahren solle. Vielleicht aber haben Sie die Aussage auf dem Beziehungs-Ohr gehört und fühlen sich gleich angegriffen, weil Ihre Freundin in dieser Art mit Ihnen redet. Oder aber Sie nehmen die Aussage als Selbstoffenbarung wahr: Ihre Freundin hat wahrgenommen, dass die Ampel grün ist.

Das Vier-Ohren-Modell erklärt, dass wir alle auf einem bestimmten Ohr hören

Wichtig ist, dass Sie sich merken, dass jede/r Ihrer Mitarbeiter/-innen und jeder der Eltern, mit denen Sie in Gespräche kommen, Ihre Aussagen auf einem bestimmten Ohr hören. Das hat oft gar nichts mit dem zu tun, wie Sie es gemeint haben, sondern vielmehr mit der persönlichen Landkarte der Personen. Als Anregung für Ihr Selbst-Coaching können Sie sich auch überlegen, auf welchem Ohr Sie überwiegend hören und warum das so ist.

Wertschätzende Kommunikation fängt mit Freundlichkeit und Respekt an

Jetzt wissen Sie, dass es schwierig sein kann, mit Menschen zu kommunizieren und dass es nicht immer so einfach ist, Wertschätzung zu vermitteln. Denn jeder Empfänger misst bestimmten Worten und nonverbalem Verhalten – aufgrund seiner Erfahrungen und seiner persönlichen Landkarte – eine unterschiedliche Bedeutung bei. Wichtig ist für Sie als Kita-Leitung, eine wertschätzende Kommunikationsart zu finden, durch die Sie sich mit Ihrem Gegenüber verbinden und Wertschätzung vermitteln können. Dazu gehört grundsätzlich eine freundliche, wohlwollende und respektvolle Verhaltensweise gegenüber Ihren Mitarbeitern/-innen. Angefangen von einer freundlichen Begrüßung am Morgen bis hin zu einer höflichen Verabschiedung am Ende des Arbeitstages ist es bedeutsam, als Leitung darauf zu achten, dem Team gegenüber einen freundlichen Ton zu wahren.

Rogers (1972) betonte im Rahmen seiner personenzentrierten Gesprächstherapie die Bedeutung von Empathie, Kongruenz und Authentizität für einen wertschätzenden Dialog. Das bedeutet, dass Wertschätzung nur dann beim Gegenüber ankommt, wenn diese auch ehrlich und im Einklang mit der eigenen Haltung kommuniziert wird. Das bedeutet, dass es nicht sinnvoll ist, wenn eine Führungskraft eigentlich nicht zufrieden ist mit der Arbeit einer/s Mitarbeiter/-in und ihr/ihm dennoch etwas Positives sagt, denn er/sie wird merken, dass es nicht ehrlich gemeint ist. Wenn die Leitung hingegen die empfundene Kritik ehrlich und mit gleichbleibender Anerkennung der Person formuliert, wird diese das besser annehmen können und das negative Verhalten im besten Fall verändern. In der Theorie der „gewaltfreien Kommunikation" nach Rosenberg (2010) wird beschrieben, dass über die Wahrnehmung der eigenen Bedürfnisse und Wünsche diese in Form von Ich-Botschaften kommuniziert werden, um zu vermeiden, dass Befehlsbotschaften gesendet werden, welche die Mitarbeiter/-innen irritieren können. Die Message ist dabei „Ich bin okay und Du bist okay" – beide Gesprächspartner/-innen bleiben auf der gleichen Ebene, und

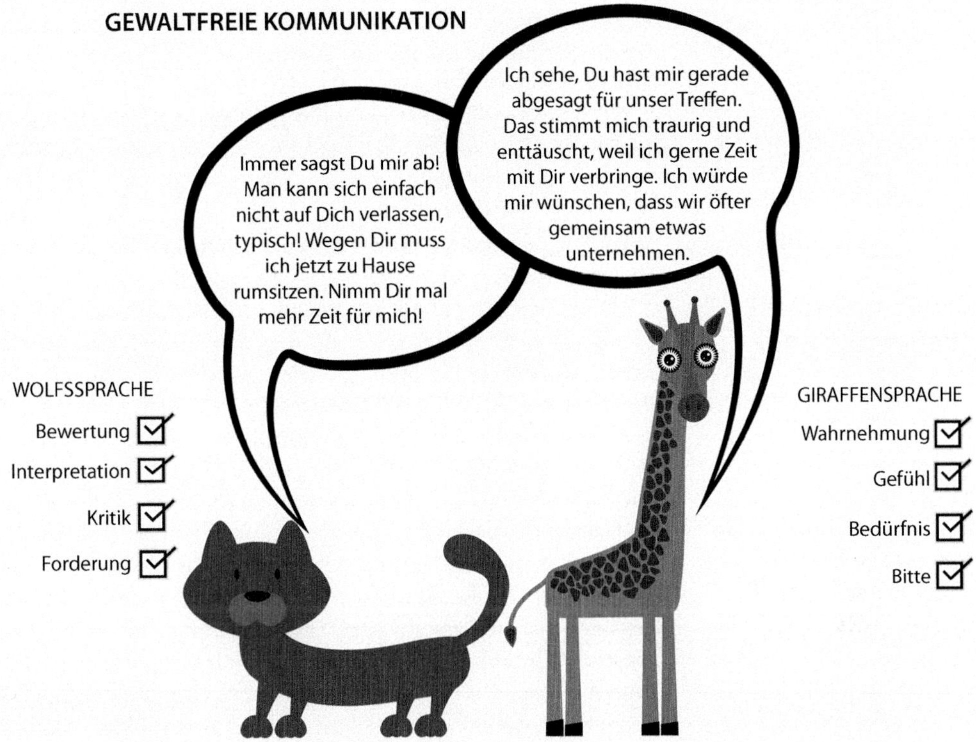

Abb. 9.3 Die Symbole der gewaltfreien Kommunikation in Anlehnung an Rosenberg (2010)

keiner wird abgewertet im Sinne von „Ich bin okay und Du bist nicht okay". Rosenberg differenziert dabei zwischen Wolfs- und Giraffensprache (Abb. 9.3).

Die Giraffe symbolisiert dabei die einfühlende, empathische Kommunikation, während der Wolf bewertet, interpretiert und kritisiert mit einer gleichsamen Forderung, bei welcher der Kontakt zum Gegenüber abbricht.

Wertschätzende Kommunikation fasst Wahrnehmung, Gefühle, Bedürfnisse und Wünsche in Worte

Buchtipp!

Basu A, Faust L (2013) Gewaltfreie Kommunikation. Haufe, Freiburg

Um die gewaltfreie Kommunikation noch genauer zu erklären, betrachten wir Abb. 9.3. Stellen Sie sich vor, Sie sagen einer Freundin ab, weil Sie einen dringenden Termin wahrnehmen müssen. Diese reagiert wie der Wolf mit einer Bewertung, Interpretation, Kritik und Forderung: Ihre Freundin bewertet Sie negativ, Sie beschwert sich, dass man sich nie auf Sie verlassen könne, sie macht Ihnen ein schlechtes Gewissen, sie kritisiert Sie und fordert Sie zu guter Letzt noch auf, sich gefälligst

Durch wertschätzende Kommunikation können Sie mit Ihrem Gegenüber verbunden bleiben

mehr Zeit zu nehmen. Wie geht es Ihnen dabei? Vermutlich möchten Sie diese Freundin erst mal nicht so gerne wieder sehen!? Jetzt betrachten wir die Giraffe: Sie fasst erst Ihre Wahrnehmung in Worte, wiederholt, was Sie abgesagt haben und was Sie verstanden hat – sie bleibt also sachlich. Danach teilt Sie Ihnen ihr Gefühl mit: Sie fühlt sich traurig und enttäuscht – so kann sie sich mit Ihnen verbinden. Ihr Bedürfnis offenbart sie, indem sie ehrlich sagt, dass sie einfach gerne Zeit mit Ihnen verbringen möchte und darum bittet. Wie geht es Ihnen mit dieser Aussage? Vermutlich können Sie das viel besser annehmen und auch konstruktiver damit umgehen als mit der Sprache des Wolfes.

Mitarbeiter/-innen mit Wertschätzung kritisieren

Übertragen wir diese Kommunikationsstrategie nun auf Ihre Kita-Leitungsrolle: Probieren Sie es aus, gegenüber Ihren Mitarbeitern/-innen auf Basis Ihrer eigenen Wahrnehmung, Ihrer Gefühle und Bedürfnisse eine Bitte in Worte zu fassen. Wichtig ist dabei, dass Sie sich selbst und Ihre Gefühle mit Selbstempathie klar wahrnehmen und in Worte fassen können. Nehmen wir nun an, Sie haben eine Mitarbeiterin, die ständig bis zu fünfzehn Minuten zu spät zur Arbeit kommt. Sie haben sich womöglich schon sehr darüber geärgert. Sie setzen sich mit ihr zusammen und möchten die Thematik klären. Was würden Sie sagen? In der Giraffensprache würden Sie sagen: „Ich sehe, Sie kommen das vierte mal 15 Minuten zu spät (Wahrnehmung). Das stimmt mich ärgerlich (Gefühl), weil ich möchte, dass alle Gruppen ausreichend besetzt sind, und es ist eine vertragsrelevante Grundlage (Bedürfnis). Ich bitte Sie, pünktlich zum Dienst zu erscheinen (Bitte). Was brauchen Sie, damit Sie dieser Bitte nachkommen können (Verantwortung zurückgeben)?" Natürlich hätten Sie auch sagen können: „Wenn Sie jetzt nochmal zu spät kommen, liegt die Abmahnung bei Ihnen auf dem Tisch!" Die Frage ist, was besser ist? Womöglich hat Ihre Mitarbeiterin ein Kind, das Sie immer noch in den Kindergarten bringen muss und es zeitlich nicht gut schafft und eventuell andere Dienstzeiten benötigt. Das wird Sie Ihnen aber nicht erzählen, wenn Sie ihr mit Bestrafung drohen. Mit der Giraffenvariante sind Sie auf einer wertschätzenden Ebene geblieben und geben ihr eine ehrliche Chance für eine Veränderung ihres Verhaltens.

Mitarbeiter/-innen sensibel zu einer Verhaltensänderung bewegen

Ein anderes Beispiel: Wenn eine Mitarbeiterin Ihrer Ansicht nach zu harsch mit einem Kind umgeht, können Sie sagen, dass Sie gesehen haben, wie die Fachkraft sich verhalten hat, wie sie die Reaktion des Kindes aufgefasst haben und dass Sie sich wünschen würden, dass Sie darauf achtet, feinfühliger mit dem Kind umzugehen. Würden Sie sich Wolfssprache ausdrücken, dann würden Sie das Verhalten der Fachkraft bewerten, ihr sagen, dass das inakzeptabel sei und ihr eine Abmahnung erteilen. Dadurch aber könnte eine Blockade bei der Mitarbeiterin entstehen, da sie sich vielleicht vor den Kopf gestoßen und abgewertet fühlt und dadurch in einer Art Schockzustand ihr Handeln nicht mehr adäquat regulieren kann. Nur in der Sprache der Giraffe bleiben Sie als Leitung mit Ihrer Mitarbeiterin in Verbindung und können durch wertschätzende Haltung und Kommunikation eine Verhaltensänderung bewegen.

Nach Rosenberg versuchen manche Menschen durch Lob und Wertschätzung zu manipulieren. Wird durch Wertschätzung versucht zu manipulieren und ist sie nicht ehrlich gemeint, kann diese nicht angenommen werden, führt zuweilen zum umgekehrten Ziel und löst eher negative Gefühle aus. Rosenberg schlägt daher im Rahmen der gewaltfreien Kommunikation (GFK) Folgendes vor:

Wertschätzung richtig ausdrücken

» Die GFK unterstützt das Ausdrücken von Anerkennung, aber nur dann, wenn sie dem Feiern dient. Wir benennen 1) die Handlung, die zu unserem Wohlbefinden beigetragen hat, 2) unser spezielles Bedürfnis, das zufriedengestellt wurde, und 3) unser freudiges Gefühl als Ergebnis davon. Wenn Anerkennung uns gegenüber so ausgedrückt wird, dann können wir sie ohne Selbstüberschätzung oder falsche Bescheidenheit annehmen und gemeinsam mit demjenigen, der sie uns gibt, feiern. (Rosenberg 2010)

Die folgende Übung (◘ Abb. 9.4) soll Ihnen dazu dienen, die Giraffensprache zu üben!

Wertschätzende Kommunikation muss man üben

Es ist nicht immer einfach, bei sich selbst wahrzunehmen, welches Gefühl man gerade empfindet und welches Bedürfnis dahinter steckt. Denn oft überrollen uns unsere Emotionen, bevor wir klar denken und fühlen können, weil bestimmte Handlungen unbewusste Muster wachrufen. Deshalb ist es wichtig – sofern Sie sich dazu entschieden haben, wertschätzend zu kommunizieren –, zu üben, was wir uns von anderen Menschen wünschen, damit unser Bedürfnis erfüllt wird. Darüber hinaus ist es für die Wertschätzung unserer Mitmenschen unerlässlich, dass wir benennen können, welches Gefühl die andere Person in uns ausgelöst hat und welches Bedürfnis dadurch erfüllt wurde. Können wir das authentisch zurückgeben, handelt es sich um wahre Wertschätzung, die über die Gefühlsebene verbindet und sehr gut angenommen werden kann! Stellen Sie sich vor, ein/e Mitarbeiter/-in sagt zu Ihnen, dass sie/er in seinem Job sehr glücklich und zufrieden ist (Gefühl), weil Sie als Leitung immer hinter ihr/ihm und dem Team stehen (Beobachtung), wodurch ihr/sein Bedürfnis nach Sicherheit erfüllt wird. Sie/er bedankt sich bei Ihnen dafür (Handlung). Wie fühlt sich diese Form der Wertschätzung an? Wie fühlt es sich an, wenn jemand sagt, Sie seien eine tolle Leitung, aber nichts weiter dazu in Bezug auf sich selbst und Ihre Wirkung darauf äußert? Sie sehen, die gewaltfreie Kommunikation hat definitiv eine verbindende und positive Wirkung, muss aber erst geübt werden. Probieren Sie sich aus, und haben Sie viel Spaß dabei!

9.2 Wie Sie Feedback geben, das ankommt

Die erste Regel für das Geben von Feedback ist, dass es ehrlich und authentisch ist. Das kann es nur sein, wenn Sie auch wissen, wovon Sie reden. Der Kreislauf von wertschätzender Führungskommunikation fängt bereits beim Interesse an (◘ Abb. 9.5).

Abb. 9.4 Gewaltfreie Kommunikation: So üben Sie die Giraffensprache

Der Kreislauf wertschätzender Führungskommunikation beginnt bereits beim Interesse

Wenn Sie sich im Kita-Alltag grundsätzlich für Ihre Mitarbeiter/-innen interessieren, zeigt das bereits große Wertschätzung: Sie beobachten und nehmen wahr, was in Ihrem Team geschieht, wie Ihre Mitarbeiter/-innen in den Gruppen arbeiten, was sie mögen und was sie belastet. Sie kennen Ihre Schwächen und Stärken, weil Sie mit Ihnen kontinuierlich im Gespräch sind, weil Sie am Morgen durch die Gruppen gehen, fragen, wie es jeder/m geht und dadurch auch

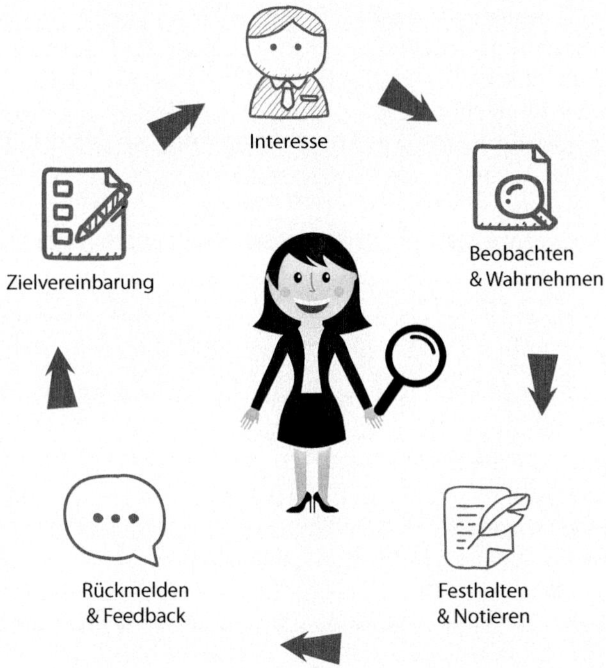

Abb. 9.5 Der Kreislauf wertschätzender Führungskommunikation

eventuelle Probleme abfangen. Wenn Sie viele Mitarbeiter/-innen haben, notieren Sie sich auch wichtige Punkte, die Ihre Fachkräfte betreffen, so dass Sie diese spätestens im Mitarbeitergespräch oder in anderen passenden Situationen rückmelden können. Zielvereinbarungen sind ebenso sinnvoll, wenn Sie Feedback geben, um neue Entwicklungsmöglichkeiten zu fokussieren und um die Wertschätzung auf einer sachlich-professionellen Ebene zu halten.

Wie Sie Feedback geben, das ankommt

Beachten Sie beim Feedback-Geben selbst die Grundsätze der wertschätzenden Kommunikation: Zeigen Sie im Gespräch Interesse, hören Sie aktiv zu, nicken Sie, und schaffen Sie eine positive Atmosphäre. Vermitteln Sie Ihrem Gegenüber, dass Sie sich den ganzen Alltag über für sie/ihn und ihre/seine Arbeit interessieren. Dies sollte wohlwollend und freundlich geschehen durch eine offene, ehrliche und höfliche Art. Über Lob und auch Kritik ist es wichtig, Rückmeldung zu geben, um den Mitarbeitern/-innen Anerkennung zu geben für ihre Arbeit und um ihnen zu zeigen, dass sie etwas gut machen, aber auch wie etwas besser gemacht werden kann. Bei Kritik sollte immer die Wertschätzung der Fachkraft gegenüber aufrechterhalten bleiben, um eine persönliche Kränkung zu vermeiden, die in Rückzug münden könnte. Gerade weil die Persönlichkeit in der Erziehertätigkeit nicht von der beruflichen Tätigkeit abgekoppelt werden kann, kann Kritik an der

Arbeit als Kritik an der Person verstanden werden. Deshalb ist es sinnvoll, sehr behutsam vorzugehen und beispielsweise zu sagen, dass man bestimmte Verhaltensweisen beobachtet hat und damit das Gespräch eröffnet. Dadurch liegen der Fokus und der Gestaltungsspielraum bei dem/der Mitarbeiter/-in selbst. Rückmeldung kann in verschiedenen Situationen in unterschiedlichen Formen gegeben werden. Neben alltäglichem Feedback und kurzen Anmerkungen eignet sich vor allem das Mitarbeitergespräch als Ort des Feedbacks. Auch in Teamsitzungen kann das ganze Team gelobt werden oder auch Lob von den Eltern geteilt werden.

Gut zu wissen – Das Gefühlskonto oder das Beziehungskonto

Wichtig für Ihre Arbeit als Kita-Leitung ist, dass Sie bedenken, dass jeder Mensch über ein Gefühlskonto oder ein Beziehungskonto verfügt. Als Leitung führen Sie Ihre Mitarbeiter/-innen immer über die Beziehung, die Sie zu ihnen aufbauen und gestalten. Auch Sie führen als Leitung ein solches psychologischen Gefühlskonto. Aus wahrnehmnungspsychologischer Sicht gilt die Formel 5:1. Das heißt, wenn Sie jemanden kritisieren, etwas Negatives mitteilen oder emotional beleidigen, brauchen Sie fünf positive Verhaltensweisen, um das Gefühlskonto des Gegenübers wieder auszugleichen. Ebenso geben Menschen mehr, wenn Sie auch mehr bekommen und erwarten ihrerseits auch Gegenleistungen.

Zahlen Sie als Leitung also so viel möglich auf das Beziehungskonto Ihrer Mitarbeiter/-innen ein, dann können Sie auch einmal etwas Kritisches sagen, ohne dass die Beziehung darunter leidet. Auch hier dienen die wertschätzende Grundhaltung und die gewaltfreie Kommunikation als gute Grundlagen: Sie zahlen auf das Gefühlskonto ein, wenn Sie verstehen wollen, wenn Sie Versprechen einhalten, ehrlich und offen sind, Wertschätzung geben und hinter Ihrem Team stehen. Dazu gehört auch, Erwartungen zu klären, Informationsaustausch und sich zu entschuldigen. Wenn Sie aber zuerst verstanden sein wollen, Versprechen brechen, manipulieren, Ihre Mitarbeiter/-innen vernachlässigen und uninteressiert und parteiisch sind, heben Sie deutlich vom Beziehungskonto ab. Verinnerlichen Sie daher folgende Grundprinzipien: gegenseitiges Verstehen, Wir-Gefühl, Verlässlichkeit, eine gemeinsame Vision teilen, gegenseitiges Verständnis pflegen, gemeinsame Werte, Respekt, Achtung und Zusammenhalt. Vermeiden Sie Ungeduld, Egoismus, eigene Prioritäten, Launen, keine Zeit zu haben, kein offenes Ohr, Arroganz, scheinheilige Kommunikation, Unverständnis, Besserwisserei und Oberflächlichkeit.

Buchtipp!

- Gordon T (1989) Familienkonferenz. Heyne, München
- Gordon T (2002). Die neue Beziehungskonferenz. Heyne, München

Das Mitarbeitergespräch kann als Wertschätzungsinstrument Nr. 1 gesehen werden. Denn was Ihnen sonst im Alltag verloren geht, können Sie im Mitarbeitergespräch innerhalb eines positiven Rahmens ansprechen und entsprechend auch Ihre Wertschätzung vermitteln. Im Folgenden finden Sie dazu einen Leitfaden.

Ein Leitfaden für Mitarbeitergespräche

- Führen Sie so regelmäßig es geht Mitarbeitergespräche durch!
  - Mindestens zweimal im Jahr – sonst verlieren Sie den Bezug zu den Mitarbeitern/-innen, mit denen Sie keinen so regen Kontakt haben.
  - Es hilft Ihnen, wichtige Informationen, Bedürfnisse, Probleme und Schwierigkeiten zu erfahren und entsprechend darauf reagieren zu können.
- Gestalten Sie jedes Mitarbeitergespräch individuell!
  - Jede/r Mitarbeiter/-in ist anders und hat eine eigene Landkarte, die sich aus individueller Herkunft, Erfahrungen, Ausbildung und Persönlichkeit zusammensetzt.
  - Jede/r Mitarbeiter/-in hat andere Ziele und Bedürfnisse. Wichtig ist dabei, dass Sie sich ganz individuell auf jede/n Mitarbeiter/-in einstellen und nicht an einer Frageliste festhalten bzw. sich trauen, diese im Bedarfsfall über Bord zu werfen.
- Nutzen Sie das Mitarbeitergespräch als Wertschätzungsinstrument für Ihre Mitarbeiter/-innen!
  - Wenn Sie sich als Leitung regelmäßig Zeit für ein Gespräch für jede/n Ihrer Mitarbeiter/-innen nehmen, zeigt das Ihrem Team Ihre Wertschätzung, alleine dass Sie sich die Zeit nehmen und einen Rahmen für ein Gespräch schaffen!
- Teilen Sie Ihre Wertschätzung über Feedback mit!
  - Halten Sie mit Ihrer Meinung nicht hinter dem Berg, und melden Sie das, was Sie beobachtet haben, über die Leistungen und Fähigkeiten zurück – so dass es ehrlich und kongruent ankommt!
- Zeigen Sie Interesse: Fragen, fragen, fragen!
  - Wichtig ist dabei, ehrliches Interesse zu zeigen und Fragen zu stellen. Nehmen Sie sich die Zeit, und hören Sie Ihren Mitarbeitern/-innen einfach nur zu. Wem man zuhört und wem man Fragen stellt, den schätzt man wert!
  - Stellen Sie öffnende Fragen: Wie? Wofür? Wohin? Wozu?

- Beispielfragen, die Sie immer verwenden können:
  - Wie geht es Ihnen?Wie geht es Ihnen in Ihrem Kleinteam?
  - Wie geht es Ihnen im Großteam? Wie schätzen Sie die Gesamtstimmung ein?
  - Wie geht es Ihnen mit mir als Leitung? (Seien Sie selbst auch offen für Kritik und Feedback!)
  - Was sind Ihre Schwerpunkte und Stärken? Was macht Ihnen an der Arbeit Spaß?
  - Wohin möchten Sie sich noch entwickeln? Was möchten Sie noch ausbauen?
  - Was brauchen Sie von mir? Wo brauchen Sie Unterstützung?
  - Was ist Ihr Ziel? Was möchten Sie bist zum nächsten Mitarbeitergespräch verändern?
- Das Beste zum Schluss: Geben Sie Feedback! Benennen Sie
  - die Handlung, die zu Ihrem Wohlbefinden beigetragen hat:
    - „Frau/Herr XXX, Sie haben ein ganz tolles Händchen für die Elternarbeit bei Ihnen in der Gruppe. Die Eltern fühlen sich richtig wohl mit Ihnen als Erzieher/-in."
  - Ihr spezielles Bedürfnis, das zufriedengestellt wurde:
    - „Sie sind ein/e sehr kompetente/r Mitarbeiter/-in. Ich kann mich auf Sie verlassen – das entlastet mich sehr!"
  - Ihr freudiges Gefühl als Ergebnis davon:
    - „Ich bin sehr zufrieden und froh, Sie als Mitarbeiter/-in zu meinem Team zählen zu dürfen!"

Wenn Sie Anerkennung so ausdrücken, dann können Ihre Mitarbeiter/-innen sie ohne Selbstüberschätzung oder falsche Bescheidenheit annehmen und sich gemeinsam mit Ihnen darüber freuen!

9.3 Wie Sie wertschätzend professionelle Beziehungen managen

Positive Beziehungen zu Mitarbeitern/-innen, Eltern und Vorgesetzten sind ein zentraler Faktor für Ihren Erfolg als Kita-Leitung. Täglich arbeiten Sie mit unterschiedlichen Charakteren zusammen und gestalten professionelle Beziehungen. Um als Leitung akzeptiert zu werden, benötigen Sie die Sympathie Ihrer Mitarbeiter/-innen. Vielleicht haben Sie schon öfter gehört, Sie sollen sich als Führungskraft distanzieren und keinesfalls zu persönlich werden, weil das unprofessionell wirken würde. Das Gegenteil ist der Fall! Kita-Mitarbeiter/-innen arbeiten am liebsten für eine Leitung, die freundlich und offen ist und sich gerne mit ihnen unterhält. Reflektieren Sie selbst darüber, wann Sie in Ihrer eigenen beruflichen Laufbahn mit einer/einem Vorgesetzten besonders zufrieden waren. Vermutlich dann, wenn sie/er neben einer hohen Fachlichkeit sich den Angestellten gegenüber auch sympathisch, humorvoll und persönlich interessiert gezeigt hat. Selbstverständlich sollten Sie nicht zur besten Freundin/ zum besten Freund Ihrer Mitarbeiter/-innen avancieren, aber wenn Sie herzlich und zugleich klar und kompetent sind, wird sich Ihr Team am wohlsten fühlen. Und wenn sich Kita-Mitarbeiter/-innen wohl fühlen, sind sie zufrieden und machen gute Arbeit.

Persönlich-professionelle Beziehungen als Voraussetzung erfolgreicher Kita-Leitung

Eine Kita ist kein Unternehmen, in dem Sie Ihre Autorität verlieren, weil Sie nicht streng genug oder zu nett sind. Die meisten pädagogischen Fachkräfte leisten ohnehin schon sehr viel, ganz ohne Wertschätzung und Anerkennung. Sie sind wie zarte Blumen, die erst in einem ganz sanften und wertschätzenden Klima richtig gedeihen können. Gehen Sie also in Beziehung, und interessieren Sie sich für Ihre Mitarbeiter/-innen, für ihre Person und ihre Kompetenzen – es zahlt sich aus! Um Beziehungen wertschätzend zu gestalten, benötigen sie vor allen Dingen Empathie. Einfühlungsvermögen ist sehr wichtig und untrennbar verbunden mit der Wertschätzung – sie könnten Schwestern sein. Jeder Mensch ist ein einzigartiges Individuum und nimmt die Welt anders wahr. Als wertschätzende Kita-Leitung ist es zentral, sich ehrlich für die Menschen in Ihrer Kita zu interessieren und eine persönlich-professionelle Beziehung aufzubauen!

Wie können Sie nun Ihre Vielzahl an professionellen Beziehungen wertschätzend managen? ◘ Abb. 9.6 veranschaulicht Ihnen den Kreislauf.

Professionelle Beziehungen brauchen einen guten Erstkontakt und eine wertschätzende Grundhaltung

Beim Erstkontakt sollten Sie darauf achten, dass Sie in Beziehung gehen und offen und ehrlich interessiert sind! Fragen Sie, fragen Sie, fragen Sie! Das zeigt Ihr Interesse und Ihre Wertschätzung für Ihr Gegenüber – zugleich erfahren Sie viele wichtige Details über die Person, was später für Sie von Vorteil sein kann. Der erste Eindruck ist sehr wichtig, weil er oft und meistens ausschlaggebend für den Verlauf der weiteren Beziehung ist. Schauen Sie dem/der Anderen in die Augen, lächeln Sie ihn/sie an, und geben Sie ihm/ihr das Gefühl, dass Sie ihn/sie voll und ganz wertschätzen und annehmen. Schon sind wir bei Schritt zwei: der wertschätzenden Haltung. Setzen Sie in allen Ihren Beziehungen diese Grundhaltung ein, seien Sie empathisch, und fühlen Sie sich in die Welt des/der Anderen ein. Vor allem akzeptieren Sie Ihre Beziehungspartner/-innen so wie sie sind – auch wenn diese anders handeln und anders sind als Sie, weil sie eine andere persönliche Landkarte besitzen. Schätzen Sie den/die Andere/n so wert, wie er/sie ist und mit allem was er/sie mitbringt und kann. Er/Sie kann nur das, was er/sie gelernt hat. Alles, was Menschen tun, tun sie dafür, um ihre Bedürfnisse zu erfüllen – und nicht, weil sie jemandem etwas Böses wollen. Zudem sollten Sie darauf achten, immer kongruent und stimmig zu handeln, so wie Ihre Gefühle und Werte sind. Versuchen Sie zudem, immer gewaltfrei zu kommunizieren. Nicht nur, wenn Sie von sich sprechen, auch wenn Sie den Eindruck haben, Ihr Gegenüber ist unzufrieden oder sauer: Trauen Sie

Abb. 9.6 Professionelle Beziehungen wertschätzend managen

sich nachzuforschen, welches Gefühl und Bedürfnis dahinter steckt: „Kann es sein, dass Sie enttäuscht sind, weil Sie das Projekt anders planen wollten?" Nur so können Sie lösungs- und entwicklungsorientiert handeln!

Eigene Erfahrungen sind in einem impliziten Beziehungsgedächtnis angelegt

Ein weiterer wichtiger Punkt, um Beziehungsmanagement professionell zu gestalten, sind Kenntnisse über psychodynamische Prozesse und das implizite Beziehungsgedächtnis. Kennen Sie das auch? Sie haben sich fest vorgenommen, Ihr Verhalten einer bestimmten Person gegenüber zu verändern und etwas anders zu machen, aber sobald Sie in der Situation sind, läuft bei Ihnen automatisch das alte Programm ab. Gründe für die große Differenz zwischen dem Wissen auf der einen Seite und dem Können und Handeln auf der anderen Seite liegen Neuweg (2002) und Polanyi (1985) zufolge darin, dass sich Menschen in Beziehungen und Handlungen nicht an explizitem Wissen (wie man es sich z. B. gezielt durch Bücher aneignet) orientieren, sondern vielmehr an implizitem Wissen, welches man durch Erfahrungen erlernt. Implizites Wissen (von Polanyi als „tacit knowing" bezeichnet) bezieht sich auf praktische Handlungsabläufe und Fertigkeiten, die man durch häufige Wiederholungen gelernt und automatisiert hat. Im Sinne eines Könnens ist man dazu in der Lage, diese Handlungen auszuführen, kann dieses implizite Wissen aber im Gegensatz zu explizitem Wissen nicht beschreiben und kommunizieren. Bezieht man das implizite Wissen auf Handlungen und Beziehungen, spricht man von implizitem Beziehungswissen: Der Mensch legt im Laufe seines Lebens ein emotionales Gedächtnis darüber an, nach welchen Mustern Beziehungen funktionieren, und bewahrt dort von frühester Zeit an alle Beziehungserfahrungen auf. Dieses implizite Gedächtnis ist „dem Körper gleichsam eingeschrieben" und statt an Symbol und Sprache an Affekt und Handlung gebunden (Streeck 2013). In der Konstruktion gegenwärtiger subjektiver Erfahrungen dient es als ein Bewertungssystem neuer Situationen, welche in das konstruierte Gefühlsschema eingeordnet und anhand des angelegten Beziehungswissens beurteilt werden.

Reflektieren Sie Ihre eigenen Beziehungserfahrungen, und machen Sie sie sich bewusst

So haben auch Sie im Laufe Ihrer Entwicklung Beziehungserfahrungen gemacht, welche in Ihrem impliziten Gedächtnis abgelegt wurden. Aus diesen Erfahrungen heraus haben Sie Handlungsorientierungen entwickelt, auf die Sie in Ihrer Praxis- und Beziehungsgestaltung automatisch zurückgreifen. Dadurch werden Beziehungsmuster gewissermaßen reproduziert. In Stress- und Konfliktsituationen kommen diese besonders zum Tragen! Wenn wir jetzt also von Beziehungsmanagement sprechen, sollten Sie sich darüber im Klaren sein, dass Sie sich – wie beim Eisbergmodell – nur über einen ganz kleinen rationalen Teil bewusst sind und Ihre unbewussten Werteeinstellungen und Bewertungsmuster maßgeblich dafür verantwortlich sind, wen Sie auf Anhieb sympathisch finden oder nicht. Umso wichtiger ist es also, zu reflektieren, warum Sie wie handeln und bewerten.

Einladung zur Selbstreflexion

- Welche Erfahrungen haben Sie gemacht, die sich in Ihren Beziehungen auswirken?
- Welche Erfahrungen haben Sie mit Konflikten gemacht?
- Welche Rolle nehmen Sie meistens in Beziehungen ein?

Beziehungsprozesse im Hier und Jetzt sind eine Neuauflage der Vergangenheit

In Zusammenhang mit der Anwendung impliziten Beziehungswissens stehen psychodynamische Phänomene in der professionellen Beziehung, die sich ebenso in Ihre Beziehungsgestaltung einmischen können. Aus der Psychoanalyse und der psychoanalytischen Pädagogik wissen wir, dass Menschen im Hier und Jetzt ihre Interaktionen und Beziehungen nach den Mustern früherer unbewältigter und konfliktbehafteter Beziehungserfahrungen im Wechselspiel von Übertragung und Gegenübertragung unbewusst wiederbeleben. Der Übertragungsbegriff der Psychoanalyse stammt von Sigmund Freud, der davon ausging, dass Gefühle, die in der Vergangenheit erlebt wurden, auf aktuelle Beziehungen unbewusst übertragen werden. Weiter unterscheidet man zwischen positiver Übertragung, bei der positive Elemente von Beziehungserfahrungen reaktiviert werden, und negativer Übertragung, bei der entsprechend negative Elemente wiederbelebt werden. Eine Person überträgt beispielsweise Eigenschaften des strengen Vaters auf eine heutige Bezugsperson und wiederholt eine frühere unbewältigte Erfahrung szenisch mit der stellvertretenden Person, ohne dass es ihr bewusst wird. Man kann im Prinzip alle zwischenmenschlichen Beziehungen vor dem Hintergrund früherer kindlicher Erfahrungen betrachten und Übertragungsprozesse erkennen. Spannend wird es vor allem dann, wenn manche Beziehungsprozesse im Hier und Jetzt nicht zu verstehen sind und die Gefühle und das Verhalten der Situation nicht angemessen scheinen: Man kann diese dann meist als Neuauflagen alter Beziehungskonstellationen verstehen. Etwa wenn sich jemand immer wieder in ähnliche, unlösbare Konfliktkonstellationen verwickelt. Stellen Sie sich vor, eine Frau wurde als junges Mädchen von ihrem Vater nie wirklich angenommen und beachtet. Sie musste immer um seine Aufmerksamkeit ringen und um seine Anerkennung kämpfen, die sie aber nie bekommen hat. Im Hier und Jetzt gerät sie – ohne, dass sie es sich erklären kann – immer wieder in Beziehungen mit Männern, die sich schließlich in derselben Rolle wie damals der Vater zeigen: Die Frau wird von den neuen Partnern ebenso wenig angenommen und kämpft wie früher um Anerkennung. Was ist also passiert? Unbewusst hat diese Frau die konfliktbehaftete Beziehung zum Vater in der Gegenwart reinszeniert und sich in diese unverarbeitete Beziehung verstrickt.

Psychodynamische Phänomene geschehen ständig in der pädagogischen Arbeit

Auch Kinder versuchen, Pädagogen/-innen, die neben den Eltern wichtige Bezugspersonen darstellen, in ihre verschlüsselten Reproduktionen schmerzhafter Erfahrungen einzubinden. Wird den Pädagogen/-innen diese Dynamik nicht bewusst, werden sie Teil der Neuinszenierung des unbewältigten Konflikts, die unter dem Druck des Wiederholungszwanges steht und so lange inszeniert wird, bis durch eine Veränderung der Szene eine neue Erfahrung möglich wird. So wie Kinder auf die Pädagogen/-innen stellvertretend mit unbewussten Gefühlen reagieren können, die eigentlich von einem früheren Konflikt herrühren, so kann es auch geschehen, dass die Pädagogen/-innen selbst auf die Beziehung mit einem Kind oder auch den Eltern gegenüber vergangene Gefühle oder innere Bilder übertragen. Projiziert beispielsweise eine Erzieherin in der Elternzusammenarbeit das Bild vom

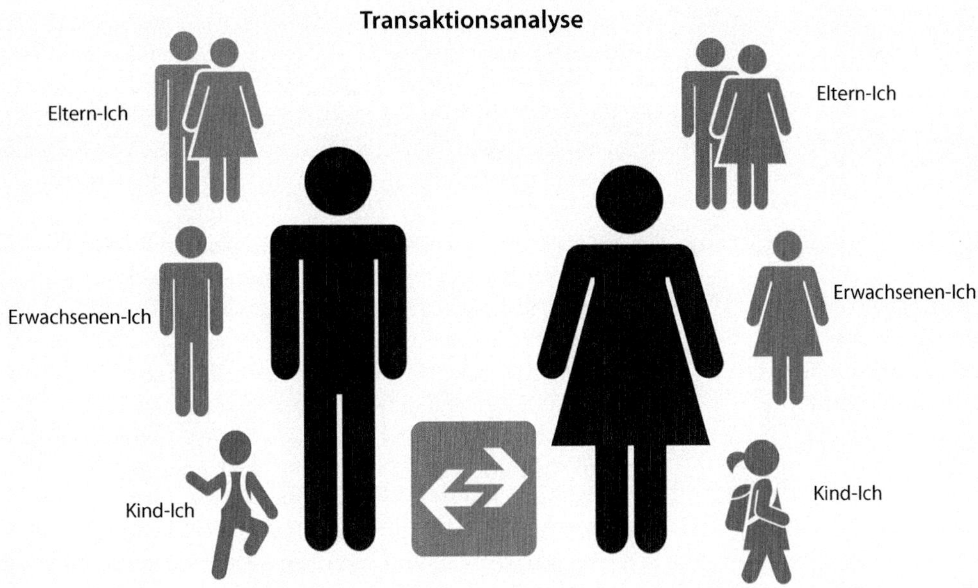

Abb. 9.7 Die Transaktionsanalyse

eigenen unzuverlässigen Vater auf den Vater eines Krippen- oder Kindergartenkindes, kann dies zu unangemessenen negativen Gefühlen führen, die die Erziehungspartnerschaft beeinträchtigen können.

Vor allem sollten Sie sich darüber im Klaren sein, dass es in der Beziehung zwischen Ihnen als Kita-Leitung und Ihren Mitarbeitern/-innen oft zu Übertragungen und Neuauflagen von hierarchischen Beziehungen kommen kann. Denn Sie symbolisieren in Ihrer Rolle als Führungskraft für viele Mitarbeiter/-innen die Elternrolle und die Mitarbeiter/-innen die der Kinder. Wie Eltern tragen Sie als Führungskraft die Verantwortung und Sorge für Ihr Team. In solchen Rollenkonstellationen kann es vorkommen, dass Mitarbeiter/-innen besonders positive oder negative Erfahrungen auf Sie projizieren. Manche Mitarbeiter/-innen idealisieren Sie vielleicht auch, indem Sie Ihnen besonders herausragende Fähigkeiten zuschreiben. Andere reagieren vielleicht trotzig wie ein Kind, wenn Sie ihnen Anweisungen erteilen. Eric Berne hat in diesem Zusammenhang die Transaktionsanalyse entwickelt: Wir agieren nach Berne entweder im Erwachsenen-Ich, im Eltern-Ich oder im Kind-Ich (Abb. 9.7).

Kind-Ich, Erwachsenen-Ich oder Eltern-Ich?

Das bedeutet: Wenn wir im Erwachsenen-Ich sind, reagieren wir ganz „normal", entsprechend der Situation und dem, was geschehen ist. Wenn wir im Eltern-Ich sind, dann reagieren wir nach den Glaubens- und Verhaltensmustern, die wir von unseren Eltern gelernt haben. Das heißt, wir sind übermäßig fürsorglich oder auch belehrend. Im Kind-Ich sind wir entweder aufmüpfig-trotzig oder ängstlich-angepasst. Machen

Sie mal ein Experiment, und betrachten Sie in Interaktionen sich selbst und andere in Bezug auf Gestik und Mimik. Sie werden erkennen, dass verschiedene Aspekte des Kindes oder von Eltern auftauchen: Manche schmollen z. B. wie ein kleines Mädchen, andere wiederum sprechen im „Eltern-Stil" und nehmen eine strenge Attitüde an. Interessant wird es, wenn eine Person im Eltern-Ich agiert und dadurch im Gegenüber das Kind-Ich hervorruft. So kann es auch einigen Erziehern/-innen ergehen, wenn sie es mit sehr herrischen und fordernden Eltern zu tun haben. Liegen zudem noch entsprechende eigene Kindheitserfahrungen vor, kann man leicht in die alte Kind-Rolle zurückfallen.

Psychodynamische Phänomene im Kita-Alltag richtig erkennen, reflektieren und darauf reagieren

Wofür benötigen Sie nun dieses Wissen als Leitung einer Kita? Sie sollten einfach darauf achten, wenn Sie mit Ihren Mitarbeitern/-innen im Kontakt sind, welcher Persönlichkeitsanteil bei Ihnen gerade aktiv ist. Vor allem wenn Sie als Leitung etwas einfordern oder eine/n Mitarbeiter/-in zurechtweisen, kann es sein, dass diese/r mit dem Kind-Ich trotzig reagiert. Hinweise für eine solche Psychodynamik sind, dass das Verhalten der Situation nicht angemessen scheint und Sie einfach ein komisches Gefühl haben, dass Sie sich nicht mehr im Hier und Jetzt befinden. Wichtig ist hier, dass Sie ihr/sein Verhalten richtig einordnen und wieder auf die Erwachsenen-Ebene zurückkehren. Ebenso kann es passieren, dass Kita-Eltern Ihnen gegenüber belehrend auftreten oder sich beschweren und Sie in die Rolle des Kind-Ichs geraten, sich rechtfertigen und sich „klein" fühlen. So können sich übrigens auch Ihre Mitarbeiter/-innen gegenüber Eltern fühlen. Um pädagogische Szenen und Situationen zu verstehen und zu deuten, bietet sich das Konzept des szenischen Verstehens von Lorenzer (1970) an, welches sich vom logischen und psychologischen Verstehen über Übertragung und Gegenübertragung zum szenischen Verstehen vorarbeitet. Achten Sie einfach genau auf Ihre Gefühle, dann können Sie Rückschlüsse ziehen, ob gerade bei Ihnen oder den Mitarbeitern/-innen unbewusste oder ältere Persönlichkeitsanteile zum Tragen kommen, und können entsprechend darauf reagieren! Dafür müssen Sie sich aber gut kennen und auch wissen, ob Sie eventuell eigene Gefühle auf eine/n Mitarbeiter/-in oder auf Eltern projizieren oder ob Sie etwas, dass Sie sich selbst nicht zugestehen können, an jemandem anderen kritisieren.

Einladung zur Selbstreflexion

- Beobachten Sie, wann Sie welche Rolle übernehmen: Wann sind Sie im Kind-Ich, im Erwachsenen-Ich oder im Eltern-Ich?
- Projizieren Sie manchmal alte Gefühle auf Ihre Mitarbeiter/-innen oder auf Eltern, und wenn ja, in welchen Situationen?

Buchtipp!

- Brock I (2012) Frühpädagogische Fachkräfte und Eltern Psychodynamische Aspekte der Zusammenarbeit. WiFF-Expertisen (Bd. 25). München

- Stewart I, Joines V (2015) Die Transaktionsanalyse. Eine Einführung. Herder, Freiburg

Achtsamen Selbst-Kontakt und ein gesundes Nähe-Distanz-Verhältnis leben

Kommen wir wieder zurück zum Kreislauf des wertschätzenden Beziehungsmanagements: Seien Sie im achtsamen Selbstkontakt mit sich, und überprüfen Sie immer wieder Ihre eigenen Bedürfnisse und was bei Ihnen passiert. Nur dann können Sie auch kongruent sein und in einen wertschätzenden Kontakt mit anderen gehen. Zu guter Letzt sollten Sie auf ein gesundes Nähe-Distanz-Verhältnis achten. Als Kita-Leitung ist man mit so vielen Menschen in Beziehung, dass es Sie überfordern kann. Es ist anstrengend, sich immer wieder in Menschen einzufühlen und zu erspüren, was sie brauchen. Wichtig ist dabei, dass Sie wissen, dass Sie nicht immer alle Wünsche erfüllen brauchen und dass Sie Grenzen setzen dürfen, indem Sie auf Ihre inneren Regungen und Bedürfnisse achten. Auch nach der Arbeit sollten Sie loslassen und abschalten können. Versuchen Sie auch während der Abend, Beziehungen nicht zu nah an sich heran zu lassen.

Schritt 3: Wertschätzendes Teamklima schaffen

Julia Hitzenberger, Susanne Schuett

J. Hitzenberger, S. Schuett *Mitarbeiterführung in Krippe, Kindergarten & Hort*,
DOI 10.1007/978-3-662-49108-9_10

10.1 Wie Sie eine wertschätzende Konflikt- und Kommunikationskultur entwickeln

Ein wertschätzendes Teamklima schaffen

Ein wertschätzendes Teamklima besteht aus Anerkennung der Vielfalt im Team, wertschätzender Kommunikation und einer höflichen und sensiblen Konfliktkultur. Ihre Mitarbeiter/-innen möchten nicht nur von Ihnen, sondern auch von ihren Kollegen/-innen in ihrer Arbeitsweise respektiert werden, Feedback und Interesse erhalten und vor allem Konflikte wertschätzend lösen können, da dies sehr viel Energie verbraucht und die Arbeit mit den Kindern belastet. Im Rahmen einer wertschätzenden Kita-Kultur sollten Sie ein wertschätzendes Teamklima schaffen, indem Sie eine wertschätzende Konflikt- und Kommunikationskultur entwickeln und die Anerkennung der Vielfalt im Team sichern! Ziel ist dabei, dass sich Ihre Mitarbeiter/-innen wohl und wertgeschätzt fühlen, weil Sie Konflikte wertschätzend lösen können, Wertschätzung von ihren Kollegen/-innen erhalten und als gleichwertige Teammitglieder anerkannt werden. Nur so kann konstruktiv zusammengearbeitet und gute Bildungsarbeit geleistet werden!

Bevor wir uns damit beschäftigen, wie Sie eine wertschätzende Konflikt- und Kommunikationskultur in Ihrem Team entwickeln können, sollten Sie feststellen, in welcher Phase der Teamentwicklung Sie sich gerade befinden. Es kann sein, dass Sie gerade ein Haus neu eröffnet haben und sich in der Orientierungsphase befinden, im sog. „Forming", wo es primär um ein erstes Zusammentreffen und Kennenlernen der Teammitglieder untereinander geht. Oder Sie sind bereits oder wieder in der „Storming"-Phase, wo Ihre Mitarbeiter/-innen Unklarheiten über Rollen und Aufgaben austragen und miteinander in Konflikt und Konfrontation geraten. Wenn Sie mit Ihrem Team gerade viel über Regeln und Rollendefinitionen sprechen, sind Sie vermutlich in der „Norming"- oder Organisationsphase. Vielleicht befindet sich Ihr Team aber auch schon längst in der Leistungs- oder „Performing"-Phase und führt seine eigentlichen Arbeitsaufgaben erfolgreich aus.

Ein Team durchläuft unterschiedliche Entwicklungsphasen: vom Forming, Storming, Norming zum Performing

Die Phasen der Teamentwicklung können sich auch überschneiden. Manchmal fällt ein Team wieder in eine andere Phase zurück, weil sie nicht ausreichend erfolgreich durchlebt wurde. Ein Team verändert sich zudem immer wieder, wenn Mitarbeiter/-innen kündigen oder andere dazukommen. Als Kita-Leitung sollten Sie stets bedenken, in welcher Phase sich Ihr Team gerade befindet und gemeinsam entsprechende Themen bearbeiten.

Kennenlern-Spiel für neue Teams: Assoziationsübung

Vielleicht leiten Sie ein neues Haus und haben ein ganz neues Team vor sich, in dem sich noch niemand kennt. Sie stehen also am Anfang, und es ist für alle wichtig, sich erst einmal kennenzulernen und zu „beschnuppern". Es gibt viele

Kennenlern-Spiele, die bei Kita-Mitarbeitern/-innen und anderen Arbeitnehmern nicht gut ankommen. Hier finden Sie eine nette und wertschätzende Übung, wie man sich kennenlernen und eine erste Nähe und Interesse füreinander schaffen kann und die unserer Erfahrung nach von Kita-Mitarbeitern/-innen akzeptiert wird. Es wird dabei mit Bildern gearbeitet:

- Es sollen immer drei Personen zusammengehen, die sich nicht oder noch nicht gut kennen.
- Wir alle haben Bilder im Kopf und Vermutungen, wenn wir Menschen sehen. Diese wollen wir hier aufgreifen.
- Eine/r macht ein Pokerface, und die Anderen spekulieren mutig und wertschätzend über …
  - Arbeit, Ausbildung
  - Wohnen, Familie, Tiere uvm.
  - Eigenschaften, Persönlichkeit
  - Hobbies, Essen, Getränke, Auto uvm.
  - Welche Bilder haben wir von der Person?
  - Zum Beispiel: „Ich glaube, Du wohnst in einem kleinen Haus mit Garten. Bestimmt ist das Haus sehr kreativ eingerichtet. Du bist viel unterwegs, weil Du so humorvoll und offen wirkst, etc."
  - Dauer: ca. 5 Minuten, dann Wechsel. Nicht auflösen!

Meistens entstehen schöne Gespräche bei dieser Übung. Es ist für jede/n interessant, wie sie/er wahrgenommen wird. Oft werden Komplimente ausgesprochen und Wertschätzung transportiert, was eine gute Ausgangslage für die weitere Beziehung und Zusammenarbeit darstellt!

Eine wertschätzende Konfliktkultur durch ganzheitliche Projekte schaffen

Die Prinzipien der wertschätzenden Grundhaltung und der gewaltfreien Kommunikation, also die Art und Weise, wie Sie kommunizieren, sollten auch für die Teamkommunikation gelten. Die Basis für eine gute Teamkommunikation können Sie damit schaffen, dass Sie wertschätzend kommunizieren und vorleben, was es heißt, offen und ehrlich miteinander zu reden. Eine wertschätzende Konflikt- und Kommunikationskultur sollte als Basis für jedwede stattfindende Kommunikation und Konflikte geschaffen werden. Das heißt, dass im Team gemeinschaftlich darüber gesprochen werden sollte, wie man miteinander umgeht, wie Konflikte gelöst werden und wie man vorgeht, wenn jemanden etwas stört. Das bietet sich vor allem in der Anfangsphase an, um präventiv eine gute Ausgangslage zu schaffen. Auch ist es sinnvoll, zu reflektieren, welche Konfliktarten es in der Kindertagesstätte gibt, welche Formen besonders oft auftreten und belastend für Ihr Team sind und wie unterschiedlich die Teammitglieder damit umgehen. Richten Sie für die Bearbeitung dieses wichtigen Themas einen ganzen Team- oder Klausurtag ein, um ausreichend Zeit dafür zu haben. Alternativ können Sie auch

Teamsitzungen dafür nutzen, um gemeinsam mit allen Mitarbeitern/-innen eine wertschätzende Konflikt- und Kommunikationskultur zu entwickeln. Hierfür bietet sich die bereits vorgestellte gewaltfreie Kommunikation nach Rosenberg an, deren Grundsätze von Ihnen vorgestellt und gemeinsam in einem Workshop erarbeitet werden können. In Anlehnung daran könnte in Gruppen von den Mitarbeitern/-innen ein Plan für eine Konfliktkultur erstellt werden, welcher von allen eingehalten werden soll. Da Kommunikation und Konfliktverhalten auch eine wichtige Rolle in der Bildung und Erziehung der Kinder spielen, bietet es sich an, Projekte zu entwickeln, die gemeinsam auf ganzheitlicher Basis mit den Kindern durchgeführt werden. In diesem Zusammenhang kann auf das „Projekt Giraffentraum" von Gundi und Frank Gaschler verwiesen werden, welches gewaltfreie Kommunikation mit Kindern beinhaltet, die spielerisch im Kindergarten umgesetzt werden kann. Die Kinder entwickeln dadurch zum einen wichtige soziale und emotionale Kompetenzen, zum anderen setzen sich auch die Pädagogen/-innen mit ihrer Form der Kommunikation auseinander und können das für ihre Teamarbeit nutzen. Gerade in Kitas bieten sich ganzheitliche Projekte hervorragend an, da durch Einbeziehung aller Akteure eine nachhaltige gewaltfreie Kita-Kultur geschaffen werden kann. Führen Sie die Giraffensprache in Ihre Kita ein, und beteiligen Sie alle daran!

Buchtipp!

Gaschler G, Gaschler F (2007) Ich will verstehen, was Du wirklich brauchst. Gewaltfreie Kommunikation mit Kindern. Das Projekt Giraffentraum. Kösel, München

Team-Übung: Der/Dem Anderen wirklich zuhören

Viele Kita-Mitarbeiter/-innen wünschen sich, dass man sie versteht und ihnen zuhört. Doch meistens hören wir alle gar nicht mehr wirklich das, was uns unser Gegenüber sagen möchte. Sofort wird ein „Ja, aber!" angeschlossen, und die Verbindung mit dem Gesprächspartner geht verloren. Folgende Übung soll dabei helfen, dass Ihre Mitarbeiter/-innen lernen, sich gegenseitig wirklich zuzuhören:

Immer zwei Personen gehen als Paar zusammen und suchen sich ein Thema aus, über das sie diskutieren möchten. Im ersten Teil der Übung nehmen sie hierfür Gegenstände (z. B. Stifte). Die erste Person fängt an. Sie legt z. B. einen Stift in die Mitte eines Tisches und formuliert ein Argument, z. B. „Krippen sind schädlich für Kinder!" Die andere Person schiebt/kickt den Gegenstand weg und nennt ein Gegenargument, z. B. „Krippen sind gut für Kinder, weil sie soziale Kompetenz erlernen!" Die andere Person schiebt den Gegenstand wieder weg und formuliert erneut ein Gegenargument usw..

Im zweiten Teil der Übung sollen die Mitarbeiter/-innen dasselbe Thema diskutieren. Diesmal lassen sie aber die Gegenstände liegen, wiederholen das Argument des Gegenübers, warten auf ein Nicken, dass sie das Argument richtig wiedergegeben haben und setzen ein „Und zugleich" daran: „Ich verstehe, dass Du Krippen für schädlich befindest, und zugleich finde ich, dass Krippen die soziale Kompetenz stärken." Die Übung solle etwa 20 Minuten dauern. Am Ende fragen Sie Ihr Team im Plenum, wie es ihm ergangen ist, wie es beide Teile der Übung erlebt hat und worin die Unterschiede bestanden. In der Regel stellen die Teilnehmer/-innen fest, dass man sich im zweiten Übungsteil durch das Wiederholen und Spiegeln der Worte der/des Anderen mit ihm/ihr verbindet und dass eine ganz andere Form der Kommunikation – im positiven Sinne – stattfindet!

Offenheit für das Besprechen von Konflikten kommunizieren

Darüber hinaus ist es wichtig, dass Sie als Kita-Leitung Ihren Mitarbeitern/-innen kommunizieren und bewusst machen, dass alle Themen offen im Team angesprochen werden können und sollen. Sie sollten deutlich machen, dass es ausdrücklich gewünscht ist und die Teamsitzung genau dazu da ist, um zu sehen, wie es jedem/jeder geht, und um belastende Konflikte offen zu klären. Ansonsten kann es passieren, dass diese Haltung nicht im Team ankommt und Konflikte weiterhin hinter dem Rücken der Anderen ausgetragen werden. Fragen Sie auch immer direkt nach Problemen, und bringen Sie eigene Anliegen vor, wenn Sie den Eindruck haben, dass es wichtig ist. Unterstützend dazu ist eine Supervision unabdingbar für die Klärung größerer Konflikte. Sollten Sie keine Möglichkeit zur Supervision haben, wenden Sie sich an Ihren Träger!

Team-Übung: Konfliktbeschreibung und Einfühlung

Variante 1: Setzen Sie sich im Team zusammen, und lassen Sie die Mitarbeiter/-innen Zweier-Paare bilden. Person A erzählt Person B von einem Konflikt. Person B soll auf einem Blatt notieren, welche Bedürfnisse sie bei Person A vermutet. Die beiden tauschen sich darüber aus. Danach findet ein Wechsel statt, und Person B erzählt von ihrem Konflikt. Dadurch üben Ihre Mitarbeiter/-innen, sich in andere Menschen einzufühlen und die Bedürfnisse hinter den Konflikten zu erkennen!

Variante 2: Wenn es sich um einen aktuellen Konflikt handelt, kann die Person, die sich im Konflikt mit anderen Kollegen/-innen befindet, sich in die Mitte setzen und erklären, welche Bedürfnisse nicht erfüllt wurden. Die Anderen wiederholen die Bedürfnisse und bieten Möglichkeiten und Ideen an, wie sie dazu beitragen könnten, die Bedürfnisse zu erfüllen.

Buchtipp!

Kauschat I, Schulze B (2014) Das große Praxisbuch zum wertschätzenden Miteinander: 101 Übungen zur Inspiration Ihrer Seminare und Gruppen auf Basis der Gewaltfreien Kommunikation. Books on Demand, Norderstedt

Bildkarten für die Teamarbeit nutzen

Sollten Konflikte auftreten oder auch andere Themen mit Ihrem Team zu besprechen sein, empfiehlt es sich, mit Bildern und Bildkarten zu arbeiten! Wir nehmen den Großteil aller Informationen visuell auf, und Bilder erleichtern den Zugang zu Gefühlen und regen die Kreativität an. Gerade wenn es um festgefahrene Konflikte oder Schwierigkeiten in der Zusammenarbeit geht, weil bestimmte Kita-Mitarbeiter/-innen entgegengesetzte Meinungen haben, können Bilder helfen, indem sie die Emotionen und Aufmerksamkeit der Kita-Mitarbeiter/-innen wecken. Sie ermöglichen Zugänge zu inneren, unbewussten Prozessen und zu Gefühlen, für die zunächst die Worte fehlen. Meist faszinieren, begeistern oder schockieren uns Bilder – eine Wirkung, die für die Arbeit mit Ihrem Team sehr gut nutzbar ist. Verwenden Sie Bildkarten, die unterschiedliche und wirkungsvolle Bilder zeigen, als assoziativen Einstieg in ein Thema, als Impulsgeber für kreative Arbeitsprozesse oder als Feedbackinstrument und Stimmungsbarometer! Vor allem wenn Sie schwierige Themen zu besprechen haben, können Sie Ihre Mitarbeiter/-innen zum Einstieg bitten, eine Karte zu wählen, die sie mit dem Thema oder einem bestimmten Aspekt davon assoziieren. Es kann Ihrem Team helfen, einen besseren Zugang zu einem Thema oder auch zu Gefühlen zu finden. Auch wenn es um die Stimmung im Team geht, können Bildkarten hilfreich sein, um abzufragen, wie es allen in Bezug auf einen Bereich geht, oder um die aktuelle Situation besser zu erfassen. Das Bild vermittelt einen Eindruck im Sinne einer Erinnerung oder eines Gefühls, auf denen man aufbauen und womit man aufeinander zugehen kann. Bilder können auch zu neuen Ideen und kreativen Prozessen beitragen. Es kann außerdem sein, dass eine große Schlüsselfrage im Zentrum Ihres Teams steht, welche als Anlass genommen wird, ein Bild zu wählen, das man damit assoziiert und das einen Impuls für die Beantwortung der Frage oder für die weitere Bearbeitung liefert. Alle Teammitglieder erzählen dann in der Runde, warum sie eine Karte gewählt haben. Sie können Bildkarten in Bezug auf jedes Thema und jede Problematik einsetzen! Auch Werte, Grenzen und Konflikte bieten sich für die Arbeit mit Bildern an. Ob Sie in Kleingruppen, im Großteam oder aber im Einzelsetting arbeiten: Bilder kommen immer gut an und führen weg von der klassischen Diskussion, die manchmal ins Endlose führen kann, weil man nicht mehr weiterkommt. Bildkarten können Sie erwerben, oder aber Sie nehmen eigene Fotos und Bilder aus Zeitschriften.

Buchtipp!

- Franz M (2014) Werte - Themenkarten für Teamarbeit, Elternabende und Seminare. Don Bosco, München

- Gut J, Kühne-Eisendle M (2014) Bildbar. 100 Methoden zum Arbeiten mit Bildern und Fotos im Coaching, Training, in der Aus- und Weiterbildung, Therapie und Supervision. managerSeminare, Bonn
- Gut J, Kühne-Eisendle M (2014). Bildbar. Das Kartenset: 50 Karten zum Arbeiten mit Bildern im Coaching, Training, in der Aus- und Weiterbildung, Therapie und Supervision. managerSeminare, Bonn

Wenn es brennt: Konflikte lösen im Team

Was können Sie tun, wenn in Ihrem Team akute Konflikte bestehen und die Stimmung angespannt und schlecht ist? Es nicht immer einfach als Leitung, herauszufinden, worin die Ursache des Konflikts liegt bzw. den Konflikt überhaupt zu benennen. Sofern Sie aber eine negative Stimmung wahrnehmen und sich zusätzlich die/der eine oder andere Mitarbeiter/-in bei Ihnen dazu geäußert hat, sollten Sie schnell handeln. Als Kita-Leitung ist es zentral, Konflikte nicht als Gefahr, sondern als Chance zur Weiterentwicklung zu betrachten. Denn nur wenn Probleme angesprochen werden, können sich auch Gegebenheiten verändern und Ihre Mitarbeiter/-innen in einem angenehmeren Klima arbeiten. Nichts ist gefährlicher für Ihre Kita und Ihr Team als Schwierigkeiten und Unmut zu meiden und zu verdrängen. Im Folgenden finden Sie einen groben Ablaufplan zum Thema Konfliktlösung.

1. Berufen Sie eine Teamsitzung ein, an der alle Mitarbeiter/-innen teilnehmen.
2. Stellen Sie einen Stuhlkreis auf.
3. Legen Sie ein Bild in die Mitte (Bildkarten) mit einem Gewitter oder einem anderen passenden Symbol.
4. Äußern Sie sich dazu: „Ich habe das Gefühl, es ist hier ein Gewitter im Team, was ist los?"
5. Fragen Sie: „Wer ist beteiligt?" Lassen Sie die Beteiligten sprechen, schreiben Sie die Namen auf Moderationskarten, und legen Sie diese um das Bild herum.
6. Fragen Sie: „Was ist das Problem?" Lassen Sie die Betroffenen nacheinander sprechen.
7. Fragen Sie: „Wie kam es dazu?" Die Beteiligten dürfen Ihren Anteil daran klären.
8. Fragen Sie: „Wie fühlen sich die Beteiligten dabei?" Die Teammitglieder sollen ihre Gefühle reflektieren.
9. Fragen Sie: „Welches Ziel haben wir?" Wichtig ist, ein gemeinsames Ziel zu benennen.
10. Fragen Sie: „Wie können wir dahin kommen?" Jedes Teammitglied soll einen Vorschlag machen, welche konkreten

Handlungen umgesetzt werden können, um das Ziel zu verwirklichen.

11. Abschlussrunde: Fragen Sie: „Wie geht es jeder/jedem, und was nehmen wir mit?"

Wichtig! Jedes Teammitglied soll seine Meinung aussprechen dürfen und von allen angehört werden. Als Leitung sollten Sie als Mediator und Moderator fungieren, der darauf achtet, dass alle zu Wort kommen. Versuchen Sie dabei, die Aussagen der Beteiligten in Ihren eigenen Worten zu wiederholen, um sicherzustellen, dass jedes Teammitglied richtig verstanden wurde. Dadurch können Missverstände vermieden und das Verständnis für- und untereinander im Team gefördert werden. Bei der Lösungs- und Zielfindung sollten Sie sich so weit wie möglich zurücknehmen und diese Ihrem Team überlassen. Dadurch stärken Sie Ihr Team und auch die Umsetzung des Ziels, da ein selbstformuliertes Ziel – im Gegensatz zu einem von der Leitung bestimmten Ziel – für das Team sinnhafter ist und dadurch nachhaltiger verfolgt werden kann.

10.2 Wie Sie die Vielfalt Ihres Teams anerkennen und den Teamgeist fördern

» Toleranz besteht nicht darin, dass man die Ansicht eines anderen teilt, sondern nur darin, dass man dem anderen das Recht einräumt, überhaupt anderer Ansicht zu sein. (Viktor Frankl)

Anerkennung der Vielfalt im Team untereinander schaffen

Anerkennung der Vielfalt im Team kann durch Gleichbehandlung und Vermittlung eines Gemeinschaftsgefühls durch Sie als Leitung geschaffen werden. Auch hierfür bietet sich die Teamsitzung als Plattform an. Kita-Mitarbeiter/-innen wünschen sich, dass ihre individuelle Arbeitsweise und Persönlichkeit von den Kollegen/-innen wertgeschätzt werden, auch wenn sich diese von der Arbeitsweise der Kollegen/-innen unterscheiden. Hier kann die Leitung ein Gemeinschafts- und Teamgefühl kreieren, so dass alle an einem Strang ziehen, das gleiche Ziel haben und im selben Boot sitzen: Sie als Führungskraft sollten dem Team vermitteln, dass hier keine Einzelkämpfer, sondern ein Team gefragt ist, welches Sie als Ganzes wertschätzen und in seiner Vielfalt anerkennen! Gerade deshalb, weil unterschiedliche Persönlichkeiten und Kompetenzen im Team sind, ergibt es im Ganzen einen bunten Blumenstrauß. Vielleicht gibt es auch unterschiedliche Vorlieben (z. B. die/der Eine bastelt gern, ein/e Andere/r hat einen musikalischen oder motorischen Schwerpunkt). Wichtig ist, sich auf einen Kern und auf mehrere einheitliche Ziele festzulegen, die erreicht werden sollen, um dann auch die Verschiedenheit der Herangehensweisen wertzuschätzen.

Den Mitarbeitern/-innen sollten Sie in der Teamsitzung vermitteln, dass es gewünscht ist, dass jede/r authentisch arbeitet und sich nicht verstellt, sondern so agiert, wie es ihrer/seiner Persönlichkeit und ihren/seinen Fähigkeiten gleichkommt. Die pädagogischen Grundsätze dürfen dabei nicht außer Acht gelassen werden, aber darum herum sollte freies Arbeiten möglich sein, damit die Fachkräfte auch entsprechend kreativ werden können und motiviert und engagiert ihre Ideen einbringen. Hilfreich neben der Verbalisierung dieser Prinzipien kann es sein, das Besondere jedes Mitarbeiters und jeder Mitarbeiterin hervorzuheben, indem jede/r einen Schwerpunkt zugeteilt bekommt, auf den sie/er sich konzentrieren kann und der auch nach außen hin bei den Eltern als solches vertreten wird. Darüber hinaus soll ein fachlicher Austausch in der Teamsitzung stattfinden, indem jede Fachkraft die für ihr Gebiet relevanten neuen Forschungserkenntnisse und eigenen Ideen vorstellt, wodurch man sich gegenseitig Anregungen geben und Wertschätzung erfahren kann. Dadurch entsteht auch gleichzeitig die Anerkennung der Teammitglieder untereinander durch hier gezeigtes Interesse für die Besonderheit der/des Anderen. Ein weiterer wichtiger Punkt ist, dass Sie als Kita-Leitung keinen der Mitarbeiter/-innen bevorzugen oder ungleich behandeln. Ihr eigenes Verhalten sollte als Vorbild dienen. Zudem ist eine Integration neuer Mitarbeiter/-innen von ganz besonderer Bedeutung. Sie sollten gewährleisten, dass diese in die Gruppe finden und sich voll und ganz einbringen können.

Fördern Sie Feedback unter den Kollegen/-innen durch Feedback-Runden

Zudem wünschen sich Kita-Mitarbeiter/-innen Lob und Feedback von den Kollegen/-innen. Um das zu realisieren, können Sie eine Feedback-Runde einführen, bei der beispielsweise alle Mitarbeiter/-innen in wechselnden Paaren zusammensitzen und sich gegenseitig coachen und austauschen können. Wichtig ist dabei, einen Rahmen zu schaffen, in dem Sorgen und Fragen eingebracht werden können. Gerade wenn ein Team neu zusammengewürfelt wird oder auch wenn einige neue Mitarbeiter/-innen hinzukommen, kann man Kennenlern-Spiele durchführen oder z. B. ein Wertschätzungsspiel, bei dem alle Mitarbeiter/-innen einen Aufkleber auf dem Rücken erhalten und mit diesem im Raum umhergehen. Jede/r kann den Kollegen/-innen etwas Positives darauf schreiben. Diesen Zettel kann dann jede/r Mitarbeiter/-in behalten und sich daran erfreuen.

Übungen für eine Anerkennung der Vielfalt im Team

Die folgenden Übungen dienen dazu, das Team dafür zu sensibilisieren, dass es eine Vielfalt im Team gibt und jedes Teammitglied mit den anderen Mitgliedern Gemeinsamkeiten und Unterschiede aufweist – dennoch sind aber alle gleich viel wert. Folgende Ziele sollen erreicht werden:

- Die Teammitglieder zeigen sich gegenseitig Wertschätzung!
- Die Teammitglieder respektieren andere Sichtweisen und Andersheit!

- Die Teammitglieder versuchen, andere Perspektiven und Sichtweisen einzunehmen!
- Die Teammitglieder erkennen Ihr Potenzial als multiprofessionelles Team!

Übung: Bilder-Feedback

- Ziel: Vielfalt, Unterschiede und Gemeinsamkeiten erkennen
- Ablauf: Jedes Teammitglied zieht eine Bildkarte, sucht sich eine/n Partner/-in, gibt Feedback und nimmt dabei Bezug auf das Bild.
- Fragen beantworten:
  - Was schätze ich an Dir?
  - Wo sind wir uns ähnlich?
  - Wo sind wir unterschiedlich?
  - Was ich Dir schon immer einmal sagen wollte!
  - Wie erlebe ich Dich im Team?

Übung: Was ist Vielfalt und Diversity?

- Ziel: Sich mit dem Thema Vielfalt und Diversity im Team auseinandersetzen und austauschen
- Ablauf: Sie verteilen Bildkarten auf dem Boden und werfen die Begriffe „Vielfalt" und „Diversity" in den Raum. Jede/r Mitarbeiter/-in soll im Raum umhergehen und ein Bild auswählen, das für sie/ihn Vielfalt und Diversity bedeutet. Dann stellt jedes Teammitglied sein Bild und das, was es damit verbindet, vor. Sie schreiben auf Moderationskarten mit und sortieren am Ende alle Zuschreibungen an einem Flipchart. Anschließend kann sich das Team austauschen.

Übung: Ein Blumenstrauß aus Vielfalt

- Ziel: Jedes Teammitglied stellt sich vor und benennt seine persönlichen und fachlichen Fähigkeiten.
- Ablauf: Sie verteilen Bildkarten im Raum und bitten das Team, sich zwei Bilder auszusuchen: eines das zur Person und eines, das zu den Fähigkeiten passt. Jede/r stellt sich dann vor und sagt, warum das erste Bild zu ihr/ihm passt und welche Fähigkeiten das zweite Bild repräsentiert. Sie notieren die Fähigkeiten auf Klebezetteln und hängen es an das Bild dran. Am Ende legen Sie alle Bilder zusammen, lassen das Team durch den Raum gehen und das große Bild betrachten: Das ist Ihr Vielfalts-Blumenstrauß, das Ihr Team zu bieten hat!

Blicken Sie im Team gemeinsam zurück, und feiern Sie zusammen Erfolge

Um den Teamgeist Ihrer Mitarbeiter/-innen zu fördern, ist es auch wichtig, anzuerkennen, was alle zusammen als Team geschafft haben. Oft ist man nur darauf fokussiert, was man nicht geschafft hat und was noch fehlt. Die Arbeit in Krippe, Kindergarten und Hort hat oft zum Ergebnis, dass sich z. B. Kinder eben nicht verletzten oder dass ein Grundschulkind nicht seelisch gekränkt wurde, sondern gut ins Spiel mit den Anderen kam – aber das ist ja nicht unbedingt, was man als „Produkt“ sieht. Sie gehen als Kita-Leitung ja wahrscheinlich auch nicht am Abend heim und denken sich: „Ich habe heute so viel geschafft, weil ich so viel zwischenmenschlich geleistet habe, nicht aber weil ich faktische Dinge zum Abschluss gebracht habe.“ Deshalb sollten Sie als Kita-Leitung hier und da eine Teamsitzung dazu nutzen, um mit Ihren Mitarbeitern/-innen zurückzublicken und zu realisieren, was Sie bisher alles geschafft haben und was gut gelaufen ist. Nutzen Sie dazu auch die Arbeit mit Bildkarten, und lassen Sie jede/n Mitarbeiter/-in ein Bild auswählen und dazu ihre/seine Erfolge in den letzten Monaten berichten. Wenn alle gemeinsam miteinander teilen, was sie gut gemacht haben und worauf sie stolz sind, werden das Gemeinschaftsgefühl und der Teamgeist gestärkt!

Ressourcen- und Wertschätzungsrunde im Team

Eine schöne Teambildungsübung stellt die Ressourcen- und Wertschätzungsrunde im Team dar. Sie können diese Methode entweder in der Anfangsphase der Teamfindung oder aber auch zwischendrin durchführen. Ziel und Wirkung ist dabei, dass sich alle Teammitglieder gegenseitig sagen, was sie an dem/der Anderen schätzen und welche fachlichen und persönlichen Kompetenzen er oder sie mit ins Team einbringt. Dazu setzen sich alle Mitarbeiter/-innen in einen Stuhlkreis, weil man sich dann gegenseitig anschauen kann. Legen Sie Moderationskarten oder bunte Papierzettel bereit, damit jemand für die Person, die gerade an der Reihe ist, mitschreiben kann, was gesagt wird. Eine Person, die möchte, kann anfangen. Alle anderen überlegen, was diese Person ausmacht, was sie gut kann und was sie ins Team einbringt. Zum Beispiel: „Du bist immer so herzlich und kannst gut den Überblick behalten. Du hast immer ein offenes Ohr und bist sehr humorvoll.“ Wichtig ist dabei, dass die anderen Teammitglieder auch sagen, welches Gefühl die betroffene Person bei ihnen dadurch auslöst und welches Bedürfnis sich dadurch erfüllt. Am Ende hat jedes Teammitglied eine Karte voll mit positiven Eigenschaften und Kompetenzen und kann diese mit nach Hause nehmen. Auch Sie als Leitung hören von Ihren Mitarbeitern/-innen, was Sie ausmacht und was Sie gut können. Mit dieser Übung nehmen Sie sich die Zeit, um jedes Teammitglied wertzuschätzen, das im Alltag zu kurz kommt. Jede/r geht danach mit einem schönen Gefühl nach Hause und kennt seine Außenwirkung. Zudem können Sie als Leitung alle Kompetenzen von allen Mitarbeitern/-innen festhalten, die das ganze vielfältige Team ausmachen!

» Humor ist der Knopf, der verhindert, dass uns der Kragen platzt. (Joachim Ringelnatz)

Fördern Sie den Teamgeist, indem Sie Humor und Gemeinschaft leben

Gemeinschaftsförderliche Aktivitäten können ein wertschätzendes Teamklima fördern, indem alle gemeinsam essen gehen oder einen Betriebsausflug machen. Indem ein Stück weit das Persönliche hervorgehoben wird, können die Mitarbeiter/-innen sich kennenlernen, wodurch sich das Teamklima verbessert. Im Erzieherberuf arbeitet man eng zusammen, da hilft es sehr, wenn man sich sympathisch ist und zuweilen auch außerhalb der Arbeit Zeit miteinander verbringt. Dafür kann es einmal im Monat ein Teamessen geben, aber auch sonstige Veranstaltungen, eine Art Stammtisch oder Ähnliches. Wichtig ist dabei, dass bei den Mitarbeitern/-innen nicht eine Art Zwang entsteht, ständig mitmachen zu müssen, sondern eine Freiwilligkeit und Ungezwungenheit bestehen bleibt. Und nicht zu vergessen: Es arbeitet sich schöner, wenn es lustig ist und Humor gelebt wird! Je entspannter und fröhlicher die Stimmung in Ihrer Kita ist, desto lieber arbeiten Ihre Mitarbeiter/-innen dort. Halten Sie sich also nicht zurück, verbreiten Sie gute Stimmung, und lachen Sie viel mit Ihrem Team!

Den Teamgeist fördern mit Wichteln

Wenn die Weihnachtszeit näher kommt, empfiehlt es sich, mit Ihrem Team zu wichteln. Beim Wichteln werden Geschenke in der Vorweihnachts- und Weihnachtszeit nicht in üblicher Weise überbracht. In einer festgelegten Gruppe, also Ihrem Team, wird vorab jedem/jeder Teilnehmer/-in eine andere Person zugelost, dem er/sie ein Geschenk machen darf. Man ist dann der sog. „Wichtel" dieser bestimmten Person, die auch „Wichtelopfer" genannt wird. Außerdem beschließt die Gemeinschaft, in welchem finanziellen Rahmen sich das Geschenk befinden und wie die Übergabe passieren soll. Hier sind natürlich der Fantasie der Gruppe keine Grenzen gesetzt, und so haben sich schon einige Varianten fest etabliert. Das Wichteln hat gegenüber dem herkömmlichen Schenken den praktischen Vorteil, nicht jedem Mitglied der Gemeinschaft ein Geschenk machen zu müssen. Außerdem wird niemand der Gruppe ausgeschlossen, da alle Mitglieder ein Geschenk in etwa gleichem Umfang erhalten. Zudem bietet es die Möglichkeit, sich innerhalb der Gruppe besser kennenzulernen, denn als Wichtel hat man die Aufgabe, ein besonders passendes Präsent auszuwählen. Folglich ist Wichteln eine wunderbare Methode, die Wertschätzung und den Teamgeist im Team zu fördern! Sie können sich mit Ihrem Team auch überlegen, dass der Wichtel sein „Opfer" mit mehreren kleinen Geschenken während der Weihnachtszeit überrascht: Somit werden die Bewichtelten immer überlegen, wer vom ganzen Team ihr Wichtel ist – dadurch entsteht eine schöne Atmosphäre und Nähe im Team! Jede/r wird sich wertgeschätzt fühlen und das ganze Team verdächtigen, sie/ihn beschenkt zu haben!

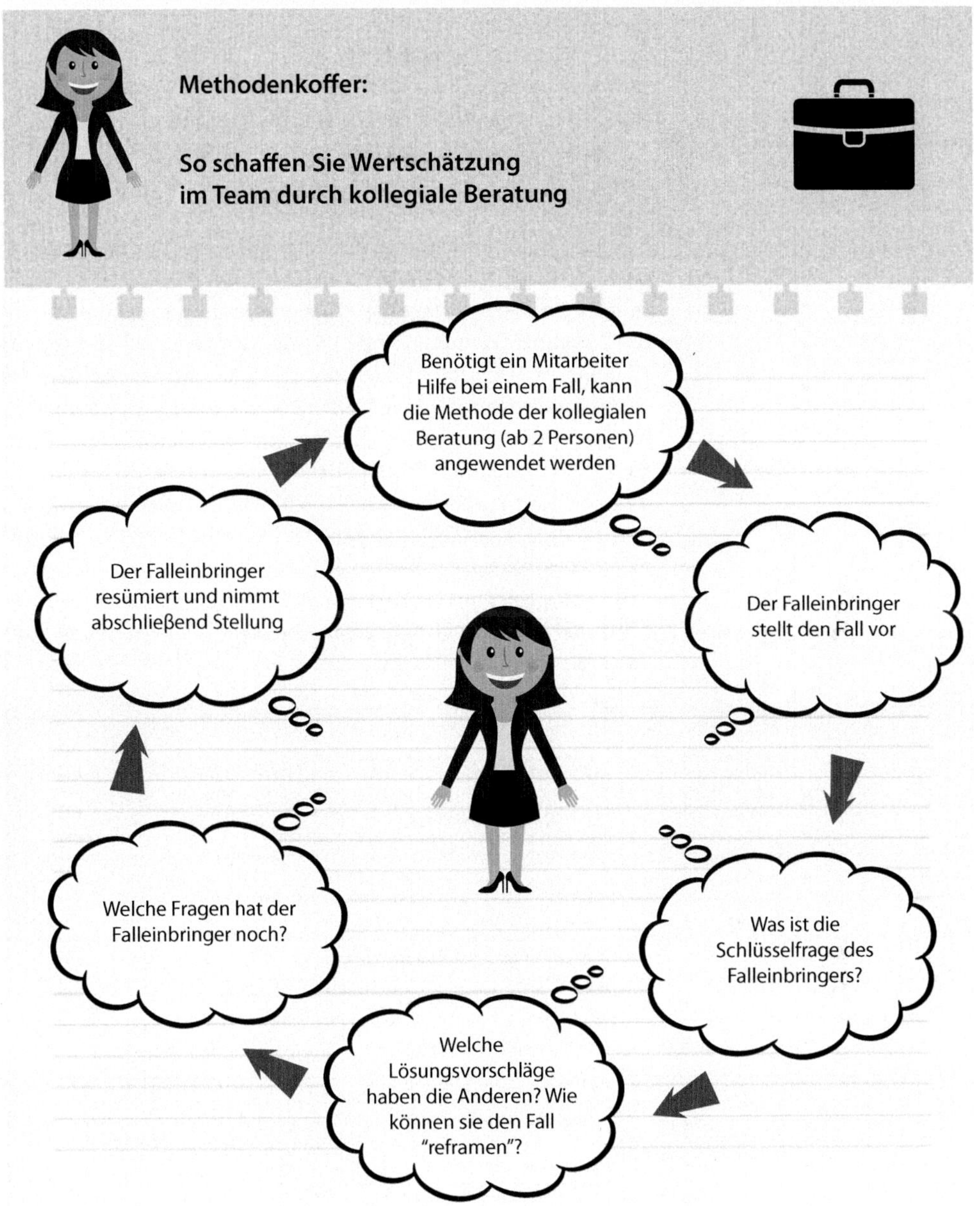

Abb. 10.1 Wertschätzung durch kollegiale Beratung

Eine geeignete Methode, um Wertschätzung innerhalb des Teams und die Akzeptanz und Toleranz untereinander zu fördern, ist die kollegiale Beratung (Abb. 10.1).

Kollegiale Beratung fördert die Wertschätzung und Empathie im Team

Wenn sich Ihre Mitarbeiter/-innen gegenseitig beraten und zur Seite stehen, steigt automatisch die Wertschätzung und die Empathie füreinander. Eine pädagogische Fachkraft, die im großen Team über einen schwierigen Fall spricht, muss sich öffnen und gibt viel von sich preis. Das wird meistens von den anderen Teammitgliedern honoriert, und außerdem entstehen ein Vertrauensverhältnis und eine Verbindung untereinander. In der Regel bringt jemand im Team einen Fall ein. Es kann sich dabei um eine Beratung durch eine/n Kollegen/-in im Zweier-Paar handeln, aber auch das ganze Team kann dabei sein – dabei sollten Sie als Leitung als Moderator fungieren. In einem ersten Schritt wird der Fall vorgestellt, und die Kollegen/-innen dürfen Verständnis- und Logikfragen stellen. In einem zweiten Schritt sollte der Falleinbringer die Schlüsselfrage bestimmen: Worum geht es konkret, was ist das Ziel dieser Beratung? Schließlich können die Teamkollegen/-innen Lösungsvorschläge einbringen, die den Ratsuchenden auf neue Wege und Ideen bringen können. Der Fall wird sozusagen „reframed“, also in einen neuen, anderen Rahmen gesetzt, der andere Perspektiven und Sichtweisen zutage bringt. Der Falleinbringer hat die Möglichkeit, noch weitere Fragen zu stellen, resümiert schließlich die Beratungsrunde und schließt diese ab, indem er sagt, wie er seinen Fall jetzt sieht und was er Hilfreiches mitnehmen konnte. Die kollegiale Beratung nützt der Qualitätsentwicklung und der Weiterentwicklung der Mitarbeiter/-innen, bringt das Team enger zusammen und schafft Vertrauen und Einfühlungsvermögen füreinander!

Schritt 4: Wertschätzend coachen und qualifizieren

Julia Hitzenberger, Susanne Schuett

J. Hitzenberger, S. Schuett *Mitarbeiterführung in Krippe, Kindergarten & Hort*,
DOI 10.1007/978-3-662-49108-9_11

11.1 Wie Sie Grenzen durch Regeln und Strukturen setzen

Grenzen und Strukturen schützen Ihre Mitarbeiter/-innen

Coaching ist ein Prozess, bei dem die Führungskraft Ihren Mitarbeitern/-innen dabei hilft, zu lernen, wie sie Aufgaben oder Probleme selber lösen können. Ein zentraler Teil von wertschätzender Kita-Führung ist, Ihre Mitarbeiter/-innen nicht nur zu leiten und zu führen, sondern auch zu coachen und zu qualifizieren. Das Ziel und der Sinn einer Kita besteht darin, gute Bildungsarbeit zu leisten. Damit Ihre Mitarbeiter/-innen das tun können, ist es zentral, dass Sie von Ihnen regelmäßig beraten und gecoacht werden, um ihr professionelles Selbstbewusstsein zu stärken. Vor allem aber sollten Sie Ihr Team dabei unterstützen, Grenzen zu setzen und stark zu werden – also es zu empowern und seine Selbstfürsorge und Achtsamkeit zu fördern. Es gibt keine größere Entlastung für Sie als Kita-Leitung, als wenn Ihre Mitarbeiter/-innen gut für sich selbst sorgen, sich gegenüber Eltern behaupten und ihre pädagogische Arbeit selbstbewusst vertreten können. Dadurch müssen Sie Ihre Mitarbeiter/-innen nicht ständig vor Eltern verteidigen, weil sie das selbst tun, und haben auch kein Personal, das kurz vor dem Burnout steht und dadurch längerfristig ausfällt. Wie können Sie nun tatsächlich in der Praxis wertschätzend coachen und qualifizieren? Wertschätzend qualifizieren bedeutet – so wissen wir aus Theorie und Praxis –, das professionelle Selbstbewusstsein der pädagogischen Mitarbeiter/-innen zu stärken. Oft mangelt es pädagogischen Fachkräften zuweilen an der Kompetenz, sich abzugrenzen. Zudem ist das Verhältnis zwischen Eltern, Kindern und Fachkräften von einem Spannungsfeld zwischen Nähe und Distanz geprägt. Einerseits müssen sich die Fachkräfte in hohem Maße den Kindern gegenüber öffnen, um eine Bindung herzustellen, ebenso auch gegenüber den Eltern, um Vertrauen zu schaffen, andererseits müssen sie sich auch abgrenzen gegenüber zu hohen Forderungen, um sich und ihre Ressourcen zu schützen. Deshalb sollten Sie als Leitung eine Coach-Rolle einnehmen und Ihre Mitarbeiter/-innen dazu befähigen, sich in den bestehenden Strukturen zurechtzufinden und ressourcenorientiert zu arbeiten. Implementieren Sie ein wertschätzendes Regel- und Struktursystem, und steigern Sie das Kompetenzgefühl und das professionelle Selbstbewusstsein Ihres Teams durch Transparenzschaffung und Lösungsorientierung!

Ein wertschätzendes Regel- und Struktursystem ermöglicht es, Grenz- und Schutzräume in der Einrichtung zu etablieren, die den Mitarbeitern/-innen dabei helfen, ihre Ressourcen zu schonen und klare Grenzen zu setzen. Das erleichtert ihnen die Arbeit und fördert ihre Zufriedenheit. Für diese Maßnahme kann die Teamsitzung verwendet werden, um innerhalb der Gruppe gemeinsam über das Thema Grenzen zu diskutieren. Zunächst ist es wichtig, zu erfahren, was genau jede/r Mitarbeiter/-in unter Grenzen und Grenzwahrung versteht oder welche Schwierigkeiten diese Thematik z. B. bei der Zusammenarbeit mit den Eltern spielt. Hierbei können auch Gruppenspiele eingesetzt werden, um zu erproben und zu erfahren, wo man Grenzen spürt und welche

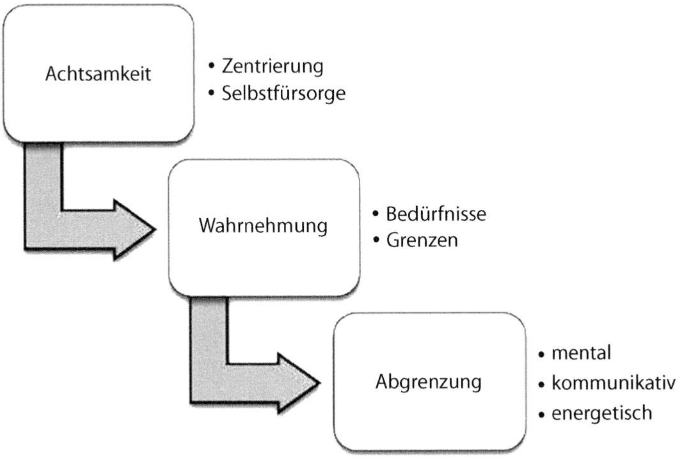

Abb. 11.1 Modell zur Abgrenzung in Anlehnung an Sellin (2014)

Bedeutung sie haben. Achtsamkeits- und Wahrnehmungsübungen können dabei als Einstieg genutzt werden, um sich zu zentrieren und um Bedürfnisse wahrzunehmen. Abgrenzung kann dabei mental, kommunikativ und energetisch erfolgen. Auch hierzu können verschiedene Rollenspiele erfolgen (Abb. 11.1).

Grenzen, Regeln und Strukturen im Team besprechen

Das Lernziel ist dabei, dass die Fachkräfte einen Zugang zu sich selbst finden und sich bewusst machen, was das Thema für sie bedeutet.

Ganzheitliche Projekte mit Kindern gestalten und Hausregeln festlegen

Da auch in der Bildung und Erziehung der Kinder Grenzsetzungen eine wichtige Rolle spielen, kann die Thematik beispielsweise ganzheitlich im Rahmen eines Projekts mit den Kindern erarbeitet werden. Wichtig ist dabei, dass die Fachkräfte einen Bezug zu sich selbst herstellen und ihre eigene Haltung und ihre Erfahrungen reflektieren, um dann entsprechend handeln zu können. Sie sollten nach der Diskussion die Vorschläge und Ideen Ihrer Mitarbeiter/-innen schriftlich festhalten, z. B. auf einem Flipchart, um daraus in Zusammenarbeit mit dem Team einen Regelkatalog zu erstellen. Darin sollten klare Formulierungen enthalten sein, die das Miteinander im Team, mit den Kindern und den Eltern strukturieren. Ebenso sind Regeln wichtig, wie z. B. die Bring- und Abholzeit oder Regelungen für die Vereinbarung eines Gespräches, um zu verhindern, dass Eltern zu viel der Zeit beanspruchen, die für die Gestaltung des pädagogischen Alltags notwendig ist. Dabei sollten vor allem die aus der Praxis gegriffenen erfahrenen Situationen als Grundlage dienen, um eine qualitativ hochwertige Bildungsarbeit zu ermöglichen.

11.2 Wie Sie Ihre Mitarbeiter/-innen empowern

Aufwertung des Erzieherberufes durch Wertschätzung von innen

Erzieher/-innen neigen dazu, ihr Licht unter den Scheffel zu stellen. Sie prahlen vor Eltern nicht unbedingt mit dem, was sie tagtäglich leisten. Wie viele Menschen, die im sozialen Bereich tätig sind, liegen auch bei

Ihren Kita-Mitarbeitern/-innen die Berufswahlmotive nicht in Karriere und Einkommen, sondern darin, Menschen zu helfen und etwas Gutes zu tun. Da aber Wertschätzung und Anerkennung nicht von alleine kommen, sollten Ihre Mitarbeiter/-innen lernen, sich zu verkaufen, sich zu vermarkten und ein professionelles Selbstbewusstsein zu entwickeln. Die erste Stufe ist, dass sie sich bewusst machen, was sie leisten, welche Rolle sie als frühpädagogische Fachkraft einnehmen und welche gesellschaftliche Wirksamkeit sie dabei haben. Dazu ist es erforderlich, die pädagogischen Handlungen entsprechend zu reflektieren und transparent zu machen und selbstbewusst dahinter zu stehen. Stolz auf den Beruf zu sein und entsprechend aufzutreten ist die Basis dafür, dass auch in der Gesellschaft und der Politik das Berufsbild der Erzieherin/des Erziehers aufgewertet wird. Gerade da viele Eltern nicht wissen, welche Prozesse in der frühen Bildung vor sich gehen, können Ihre Mitarbeiter/-innen selbst im kleinen Rahmen Aufklärungsarbeit leisten. Dadurch kann sich ein Stück weit auch die gesellschaftliche Wahrnehmung des Berufs und der Tätigkeit verändern. Wertschätzung kann also nicht nur „von außen" in Form von Anerkennung in die Kita hineingetragen werden, sondern muss auch „von innen" durch eine stärkere Identifikation mit dem und durch Stolz auf den Beruf entstehen. Durch professionelles und selbstbewusstes Agieren und Auftreten könnte von der individuellen Ebene heraus eine Rückwirkung auf das Umfeld und eine Aufwertung des Erzieherberufes erfolgen – von der Selbstwertschätzung hin zur Wertschätzung der Gesellschaft. Diese bedarf angesichts der aktuellen Entwicklungen von Migration und demografischem Wandel der Wertschätzung der Vielfalt aller Mitglieder. Der Grundstein für eine inklusive Gesellschaft kann wiederum durch eine von der Tatkraft von Erziehern/-innen geprägte, wertschätzende Kultur und Erziehung in frühkindlichen Bildungsinstitutionen gelegt werden.

Um das Kompetenzgefühl Ihrer Mitarbeiter/-innen zu erhöhen und sie sicherer im Umgang mit den Eltern zu machen, sollten im Rahmen der Teamsitzungen Zielvereinbarungen getroffen werden sowie pädagogische Handlungen reflektiert und transparent gemacht werden. Viele Kita-Mitarbeiter/-innen haben die Schwierigkeit, ihre Arbeit sichtbar zu machen und den Eltern zu vermitteln, was sie genau leisten. Da sie wissen, dass sie viel leisten und dass ihre Tätigkeit eine hohe Anstrengung erfordert, wünschen sie sich, dass dies von den Eltern entsprechend wertgeschätzt wird. Deshalb ist es wichtig, sie zu coachen, ihre Leistung in Worte zu fassen und transparent zu machen. Gerade darin scheint das Dilemma der frühpädagogischen Arbeit zu liegen, nämlich dass sie unsichtbar ist, aber sehr viel Einsatz erfordert. Zudem ist es eine Tätigkeit, die sich in pädagogischen Handlungen realisiert, für die in großen Teilen auf Erfahrungswissen zurückgegriffen wird. Zu einer Professionalisierung gehört es deshalb dazu, dieses Wissen bewusst zu machen und zu reflektieren und genau zu benennen, welche Haltung und Ziele dem Handeln zugrunde liegen.

Pädagogische Arbeit transparent machen

Im Diskurs mit dem Team können Sie als Leitung dazu beitragen, über die Reflexion Transparenz zu schaffen. Dies bewirkt eine Sicherheit

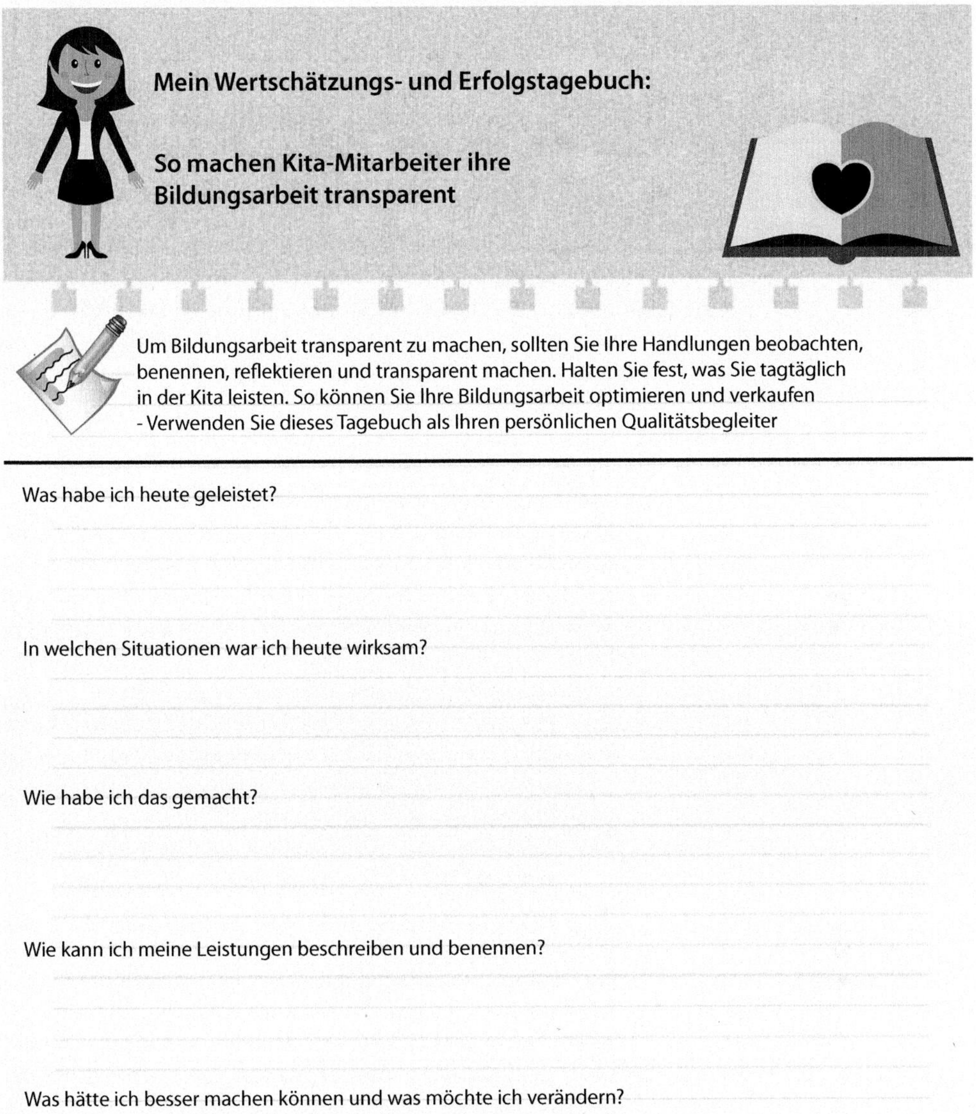

Abb. 11.2 Mein Wertschätzungs- und Erfolgstagebuch: So machen Kita-Mitarbeiter/-innen ihre Bildungsarbeit transparent

und ein Kompetenzgefühl, die das eigene professionelle Selbstbewusstsein stärken und helfen, den Eltern gegenüber kompetenter aufzutreten und die pädagogischen Handlungen zu vertreten. Auch die Festlegung und Überprüfung von pädagogischen Zielen und eine Dokumentation der pädagogischen Arbeit kann dabei nutzen, um das Kompetenzgefühl sowie die tatsächliche pädagogische Qualität zu erhöhen. Regen Sie Ihre Mitarbeiter/-innen dazu an, ein Wertschätzungs- und Erfolgstagebuch zu führen und Ihre Leistungen für sich zu dokumentieren (Abb. 11.2)!

Coaching befähigt und stärkt Ihre Mitarbeiter/-innen

Wichtig ist dabei, dass Sie die Rolle des Coaches einnehmen und nicht die der Kita-Leitung, die sowieso schon alles weiß. Empowern Sie Ihr Team! Machen Sie es stark, und lassen Sie es selbst Lösungen finden. Es nutzt niemandem, wenn Ihre Mitarbeiter/-innen schwach bleiben und Sie sich selbst immer mit Eltern auseinandersetzen müssen, die sich beschweren. Ihr Team soll das selbst in die Hand nehmen und entsprechend vor den Eltern auftreten können. Wenn also ein/e Mitarbeiter/-in zu Ihnen kommt mit einem Problem, geben Sie die Fragen zurück: „Wie würden Sie handeln?" Übernehmen Sie nicht automatisch die Verantwortung, sondern geben Sie sie zurück! Das ist auch eine Form der Wertschätzung, denn Sie wissen, dass der/die Mitarbeiter/-in kompetent und erfahren genug ist, um eine eigene Lösung zu finden. Trauen Sie Ihrem Team etwas zu, dann wird es Verantwortung für sich selbst übernehmen!

Die Geschichte vom Schaf, das ein Löwe war

Eine schöne Metapher bzw. Fabelgeschichte für das Coaching mit pädagogischem Personal im Hinblick auf Empowerment ist die des Löwenschafs. Sie zeigt, dass man oft nur nach innen schauen muss, um sich das bewusst zu machen, was bereits in einem steckt.

„Eine Löwin geriet auf der Suche nach Beute an eine Schafherde. Während sie ein Schaf riss, warf sie ein Junges und starb. Der junge Löwe wuchs in der Herde auf, fraß Gras und blökte wie ein Schaf. Er wusste nicht, dass er ein Löwe war. Eines Tages kam ein anderer Löwe in die Nähe der Herde und war erstaunt, einen großen Löwen zu sehen, der Gras fraß und wie ein Schaf blökte. Die Herde floh und mit ihr das Löwenschaf. Der Löwe wartete auf eine Gelegenheit, fand das Löwenschaf schlafend, weckte es auf und sagte: „Du bist ein Löwe." „Nein", antwortete es und blökte wie ein Schaf. Aber der fremde Löwe schleppte es an einen See und forderte es auf, im Wasser sein Spiegelbild zu betrachten und es mit ihm zu vergleichen. Da sah das Löwenschaf, dass es genauso aussah wie der Löwe. Der Löwe begann zu brüllen und forderte das Löwenschaf auf, auch zu brüllen. Es probierte seine Stimme und brüllte bald so gewaltig wie der andere Löwe. Es war kein Schaf mehr."

Wie Sie Ihre Mitarbeiter/-innen coachen: ein Leitfaden

Wie können Sie nun konkret eine/n Mitarbeiter/-in coachen, wenn diese/r mit einem Problem zu Ihnen kommt? Zunächst ist zu klären, ob es damit getan ist, dass sie die Frage zurückgeben und die/der Kollege/-in ohnehin schon eine Lösungsversion im Kopf hat und nur wissen will, ob sie eigenständig entscheiden darf. Wenn es sich um ein komplexeres Problem handelt, sollten Sie sich die Zeit für ein Gespräch nehmen, die Tür schließen und ein „Bitte-nicht-stören-Schild" daran hängen oder einen Termin vereinbaren. Ein geschützter Rahmen ist wichtig für einen erfolgreichen Coaching-Prozess! In einem ersten Schritt sollten Sie mit der Mitarbeiterin oder dem Mitarbeiter den Auftrag und die Fragestellung klären. Das ist nicht immer leicht, denn manche Mitarbeiter/-innen kommen mit diffusen Problemen zu Ihnen, die manchmal nicht sofort greifbar sind. Erziehen Sie Ihre Teammitglieder dazu, ihr Anliegen konkret zu machen und genau zu bestimmen, wo die Schwierigkeit liegt. Lassen Sie sie dann daraus ein *positives* Ziel formulieren! Das ist ganz besonders wichtig, da nur ein positiv formuliertes Ziel verfolgt werden kann. „Ich möchte mich besser abgrenzen!" statt ein aus einer Opferhaltung wahrgenommenes unveränderliches Problem wie „Ich werde immer ausgenutzt!" Merken Sie den Unterschied? Wenn man auf Problemen „herumreitet", gerät man nur weiter in den negativen Strudel. Wenn man stattdessen den Anlass und das Ziel bestimmt, hat man eine Richtung definiert, in die man gehen kann. Somit ist der erste Schritt getan. Es sollte im Übrigen ein überschaubares und erreichbares Ziel sein. Danach klären Sie in einem zweiten Schritt die verfügbaren Ressourcen (ähnlich wie beim Selbst-Coaching), die der/die Mitarbeiter/-in zur Verfügung hat. Stellen Sie ihm/ihr Fragen, was er/sie bereits getan hat, um dieses Ziel zu erreichen und was er/sie dafür noch tun kann. Somit können Sie bereits in die Lösungsfindung, bei der Sie lediglich Fragen stellen, spiegeln und den/die Mitarbeiter/-in selbst auf die Lösung kommen lassen. Hat sie/er sie gefunden, sichern Sie den Transfer, und überlegen Sie Möglichkeiten, wie der/die Mitarbeiter/-in Unterstützung bekommt. Vereinbaren Sie einen weiteren Termin, um den/die Mitarbeiter/-in nachhaltig zu motivieren (■ Abb. 11.3)!

Wer fragt, der führt – Systemische Fragetechniken

„Sind Sie verheiratet? Haben Sie Kinder? Waren Sie gestern im Kino?" Das sind alles geschlossene Fragen, auf die Sie nur mit einem „Ja" oder „Nein" reagieren können. Beim systemischen Fragen verwendet man grundsätzlich öffnende W-Fragen (was, wann, welche, wer, wie, woran, wodurch und wozu – außer warum), um möglichst viel Erkenntnis und Information über den Gecoachten zu gewinnen, z. B.: „Was haben Sie für ein Thema mitgebracht? Wie gehen Sie bisher damit um?" Zugleich wird Ihr/e Gesprächspartner/-in auf neue Möglichkeiten aufmerksam gemacht und zum Nachdenken angeregt. Systemisches Fragen kann Blockaden auflösen und neue Sichtweisen generieren. Es gibt verschiedene Fragetechniken, die Sie auch im privaten Rahmen ausprobieren können, um ihre Wirkung zu testen.

- **Zirkuläre Fragen**: „Wie würde Ihre Kollegin Frau Meier Ihre Situation beurteilen?" „Woran würde Ihr Partner merken, dass Sie gut Grenzen setzen können? Die aktuelle Situation kann so aus einer anderen Perspektive betrachtet werden. Neue Ansichten und Ansätze können erarbeitet werden.
- **Hypothetische Fragen** laden zu einem Gedankenexperiment ein: „Was würde passieren, wenn sich Ihr Problem in Luft auflösen würde?" „Wie würden Sie reagieren, wenn die Lösung bereits gefunden wäre?" Nicht immer bekommt man dadurch direkt die Lösung des Problems, dennoch werden bereits neue Türen und Richtungen geöffnet. Der Gecoachte kann gedankliche Hindernisse überwinden und kreativ werden.
- **Lösungsorientierte Fragen** fokussieren sich auf die Lösung und nicht auf das Problem. Viel zu oft kreist man in Diskussionen über den Schwierigkeiten und bleibt im „Warum" stecken statt sich auf

Ressourcen und mögliche Lösungswege zu konzentrieren. So könnten Sie z. B. fragen: „Was ist schon gut gelaufen?" „Was für Ressourcen können Sie nutzen, um die Situation zu verändern?"

- **Skalierende Fragen** lauten z. B.: „Auf einer Skala von 1 bis 10: Wie wirksam stufen Sie sich als Führungskraft ein?" Dadurch reduziert sich die Komplexität der Situation. Anschließend kann man fragen: „Wie wirksam stuften Sie sich zu Beginn Ihrer Führungstätigkeit ein?" Wird eine höhere Zahl bei der ersten Frage als bei der zweiten genannt, können Sie dadurch ein Erfolgserlebnis vermitteln, auf dem Sie aufbauen können.
- **Paradoxe Fragen** dienen dazu, Ihr Gegenüber zu irritieren. Sie basieren häufig auf Ironie und Humor, z. B.: „Was könnten Sie tun, damit es Ihnen noch schlechter geht?" „Wie könnten Sie das Problem noch verschlimmern?" In sensiblen Situationen sollte man solche Fragen nicht stellen, aber wenn es passt, können dadurch kreative Lösungsansätze gefunden werden. Durch die Paradoxie wird das System des Gecoachten durcheinander gebracht, und neue Energien werden freisetzt.
- **Die Wunderfrage** ist der Klassiker im systemischen Coaching: „Stellen Sie sich vor, Sie gehen heute nach Hause, und über Nacht geschieht ein Wunder, das all Ihre Probleme in Luft auflöst – woran merken Sie am nächsten Tag, dass ein Wunder geschehen ist? Was ist anders?" Durch die Wunderfrage werden Blockaden aufgelöst, und der Coachee wird darin bestärkt, ungeahnte Ressourcen und Lösungen durch Imagination zu finden.

Sie können diese Fragetechniken nicht nur im Mitarbeiter-Coaching einsetzen, sondern am besten im gesamten Kita-Alltag und im täglichen Miteinander mit Team und Eltern. Geben Sie Fragen zurück und damit auch die Verantwortung. Sie werden den Unterschied merken. Wichtig ist dabei, dass Sie immer das Positive, die Lösung und die aktive Selbstverantwortung fokussieren, denn ändern kann man nicht die Anderen, sondern nur sich selbst!

11.3 Wie Sie die Achtsamkeit und Selbstfürsorge Ihrer Mitarbeiter/-innen fördern

Als Leitung einer Kita sind Sie verantwortlich für das Gesundheitsmanagement und eine gesunde Führung (■ Abb. 11.4). Der Erzieherberuf ist sehr gefährdet durch Burnout und birgt viele gesundheitliche Risiken, sowohl auf körperlicher als auch auf psychischer Ebene. Um langfristig gesunde, belastbare und zufriedene Mitarbeiter/-innen an Ihre Kita binden zu können, sollten Sie die Achtsamkeit und Selbstfürsorge Ihrer Mitarbeiter/-innen fördern. Seien Sie sich darüber bewusst, dass Ihr Job ein sehr anstrengender und belastender ist. Wie eine „Krake mit vielen Armen" müssen sich Erzieher/-innen um alles gleichzeitig kümmern und haben kaum Zeit, sich auf eine Sache zu konzentrieren. Bei Krankheit von Kollegen/-innen stehen sie oft alleine in der Gruppe und sind noch höherer Belastung ausgesetzt. Die ständige Beziehungsarbeit zu Kindern, Eltern und den Teamkollegen/-innen ist psychisch anstrengend, so dass viele Probleme mit nach Hause genommen werden. Darüber hinaus ist die Arbeit mit dem Team und den Eltern oft geprägt von Konflikten, die belastend sein können.

Lösungsorientiertes Mitarbeiter–Coaching statt Problemorientierung

Überlegen Sie sich ein Problem oder ein Thema, das für Sie gerade aktuell ist. Gehen Sie die Fragen entweder mit einem Partner oder alleine durch. Fangen Sie bei der Problemorientierung an und wechseln Sie dann zur Lösungsorientierung – Merken Sie den Unterschied? Was ist anders?

PROBLEMORIENTIERUNG	LÖSUNGSORIENTIERUNG
Was ist das Problem, mit dem Sie hier sind?	Was ist der Anlass für das Gespräch?
Was ist noch schwierig? Warum ist es schwierig?	Was ist das Ziel? Wo wollen Sie hin?
Wie erklären Sie sich, warum es schwierig ist?	Wann hat es schon einmal geklappt? Was war da anders?
Wer ist schuld an dem Problem?	Wer kann Sie unterstützen?
Was sagt Ihre Freundin, warum es so schwierig ist?	Was haben Sie bisher schon unternommen? Mit welchem Erfolg?
	Was ist der Gewinn der Ist-Situation?
	Wenn Sie das Ziel erreicht haben, was ist da anders?
	Woran merken es Ihre Freunde, Ihre Familie?

Abb. 11.3 Lösungsorientiertes Mitarbeiter-Coaching statt Problemorientierung

Kita-Mitarbeiter/-innen brauchen eine gesunde Führung

Gesund zu führen bedeutet, dass Sie zunächst selbst das Thema Gesundheit für sich als Leitung reflektieren und ein gesundes Führungsverständnis verinnerlichen: Wie wichtig ist Ihnen Gesundheit für sich selbst und für Ihre Mitarbeiter/-innen? Wie können Sie Gesundheit in Ihrer Kita fördern? Schließlich gilt es immer, Stressoren zu identifizieren, diese auszuschalten und mehr Gelassenheit zu leben. Denn Gelassenheit ist eine Kompetenz, die Sie und

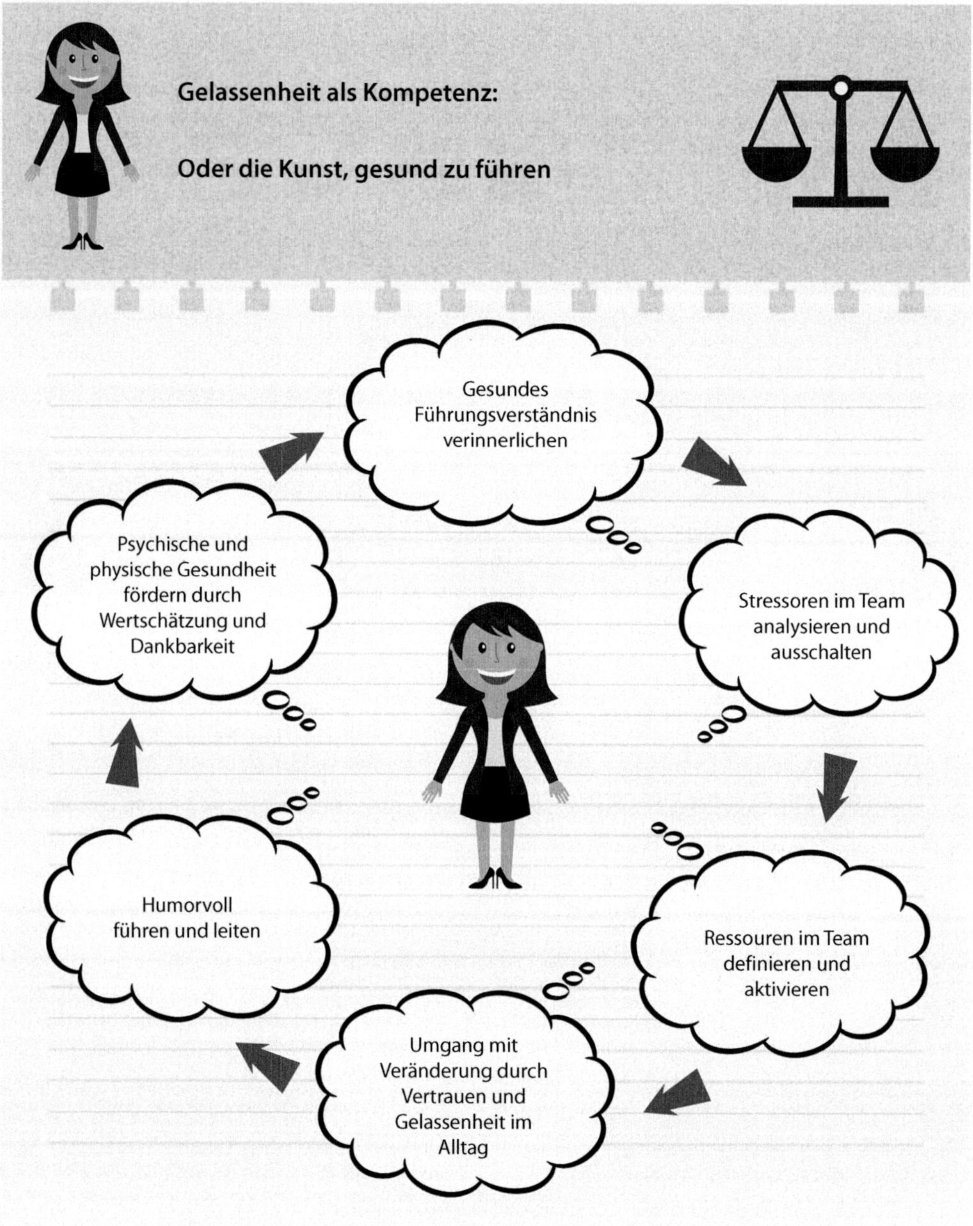

Abb. 11.4 Gelassenheit als Kompetenz oder die Kunst, gesund zu führen

auch Ihre Mitarbeiter/-innen erlernen sollten. Es handelt sich dabei um eine Haltung, die man in den Alltag einbauen sollte, um Stress und Veränderungen mit mehr Ruhe zu begegnen. Versuchen Sie also, die Dinge nicht zu schwer und zu persönlich nehmen. Leben Sie Gelassenheit vor, und leiten Sie mit Humor! Zudem fördern

Wertschätzung und Dankbarkeit in großem Maße die Gesundheit Ihrer Mitarbeiter/-innen!

Fördern Sie die Selbstverantwortung Ihres Teams für seine Gesundheit

Wenn Sie also gesunde, zufriedene und motivierte Mitarbeiter/-innen in Ihrem Team haben möchten, fangen Sie am besten noch heute damit an, das Thema Achtsamkeit und Selbstfürsorge gemeinsam zu thematisieren. Denn es ist nicht nur in unserer heutigen stresserfüllten Gesellschaft und Arbeitswelt wichtig, sondern vor allem in den gesundheitlich belasteten Kitas, die noch immer von relativ ungünstigen Rahmenbedingungen geprägt sind. Wichtig ist es, Lösungen zu finden, wie man vor, während und nach der Arbeit achtsam mit sich und anderen umgehen kann, um Gelassenheit und Zufriedenheit zu fördern. Dabei sollten Sie im Sinne des systemischen Coaching-Ansatzes als Kita-Leitung nicht ständig dafür sorgen müssen, dass Ihr Team auf sich achtet. Vielmehr sollten Sie Samen sähen, so dass jede Mitarbeiterin und jeder Mitarbeiter im Sinne eines professionellen Selbstbewusstseins aktiv für sich selbst sorgt, achtsam mit sich umgeht und alles einfordert, was sie/er braucht, um gute Arbeit zu leisten. Wenn jedes Teammitglied für sich selbst sorgt, ist schon sehr viel gewonnen!

Implementieren Sie eine achtsame Kita-Kultur, und leben Sie Selbstfürsorge vor

Wie machen Sie das nun am besten? Sie haben in ▶ Kap. 10 schon einige Strategien erfahren, wie Sie sich selbst coachen können. Diese Prinzipien gelten auch für Ihre Mitarbeiter/-innen. Vor allem sollten Sie mit Ihrem Team in Teamsitzungen über Achtsamkeit sprechen, denn die meisten pädagogischen Fachkräfte haben einen enormen Bedarf danach. Wichtig ist dabei, dass Sie als Kita-Leitung vorleben, wie wichtig Achtsamkeit und Selbstfürsorge sind! Sie sorgen für sich selbst und leben dem Team vor, nicht zu viele Überstunden zu machen und dass Pausen wichtig sind. Sagen Sie Ihrem Team ganz konkret, dass Sie die Verantwortung für die Selbstfürsorge bei jedem Einzelnen sehen und sich das wünschen! Wenn Ihr Team weiß, dass es okay ist, für sich zu sorgen und auf seine Ressourcen zu achten, wird es handlungsfähiger, und der erste Schritt der Implementierung einer achtsamen Kita-Kultur ist getan.

Was genau ist eigentlich Achtsamkeit? Hierzu könnten Sie sehr viele Bücher lesen, denn es handelt sich um großes Themengebiet, zu dem es unermesslich viele Sichtweisen und Literatur gibt. Uns ist es wichtig, Ihnen Achtsamkeit in Bezug auf die tägliche Arbeit in der Kita näher zu bringen. Welche Rolle spielt Achtsamkeit in der Kita, in Bezug auf die Bildung und Erziehung der Kinder und in Bezug auf die immer stärker werdenden Belastungen für Sie selbst und ihr Gruppenpersonal?

Achtsam sein, das klingt einfach, ist aber in unser Gesellschaft mit extremer Reizüberflutung schwierig. Sowohl für Kinder als auch für uns Erwachsene ist es nicht einfach, sich länger zu konzentrieren, denn wir machen vieles gleichzeitig und sind oft gestresst und unzufrieden. Vor allem in der Arbeit mit Kindern sind viele Dinge gleichzeitig und schnell zu erledigen, so dass viele Fachkräfte sehr gestresst und belastet sind. Wir sind weniger im Kontakt mit uns

Abb. 11.5 Achtsamkeit und Selbstfürsorge in der Kita

und nehmen unsere Grenzen oft zu spät wahr. Das Leben rauscht an uns vorbei, und es mangelt uns an Bewusstheit, Selbstfürsorge und Achtsamkeit.

Achtsam sein heißt, sich und seine Bedürfnisse näher kennenzulernen und zu erspüren, was man braucht. Im Umgang mit sich selbst und anderen heißt Achtsamkeit, dass man aufmerksam und feinfühlig mit sich und seiner Umwelt umgeht, dass man Gedanken, Gefühle und Körper wahrnimmt und dass man mit allen Sinnen bei sich ist. Dadurch löst sich Stress auf, und man wird gelassener und freundlicher mit sich und anderen. Vor allem aber profitieren Kinder von einem achtsamen Kita-Alltag, weil sie dadurch (lebens-) wichtige Selbstkompetenzen lernen. Denn die eigenen Grenzen und wahren Bedürfnisse zu erkennen und einzufordern und auch anderen gegenüber achtsam zu sein, ist der Schlüssel zu einem glücklichen und zufriedenen Leben.

Einen achtsamer Umgang zwischen Kindern, Personal und Eltern fördern

Während wir Erwachsene und vor allem Sie und Ihr Team in der Kita diese Kompetenzen oft erst (wieder) erlernen müssen, kann man bei Kindern bereits eine Basis für Achtsamkeit schaffen, von der sie ihr ganzes späteres Leben profitieren können. Abb. 11.5 zeigt Ideen und Visionen für Achtsamkeit und Selbstfürsorge in der Kita: Dabei geht es um eine achtsame Kita-Kultur, Stressquellen auszuschalten, Ressourcen zu stärken, Batterien aufzuladen und Pausen bewusst zu machen. Grenzen setzen gehört ebenso dazu wie auch das Atmen und der Humor – nicht zu vergessen die Wertschätzung und Dankbarkeit für sich selbst und das, was man hat.

Eine Teamsitzung zum Thema Achtsamkeit und Selbstfürsorge in der Kita
Hier finden Sie einen Vorschlag für die Gestaltung einer Teamsitzung zum Thema Achtsamkeit und Selbstfürsorge in der Kita – So bleiben Sie gesund, gelassen und zufrieden!

Abb. 11.6 Meine Risikofaktoren: Das bereitet mir Stress

- Leiten Sie das Thema ein: Klären Sie den Anlass, Ihr Ziel und warum Sie sich mit Ihrem Team über Achtsamkeit austauschen möchten.
- Laden Sie das Team dazu ein, ein kurzes Stimmungsbild zum Thema Stress und Achtsamkeit zu geben, z. B.: „Wie gut kann ich für mich sorgen – auf einer Skala von 1 bis 10?" „Was ist für mich schwierig? Achtsamkeit vor, während oder nach der Arbeit?" „Was heißt Achtsamkeit für mich?"

Abb. 11.7 Meine Schutzfaktoren: Das sind meine Ressourcen

- Verteilen Sie an jedes Teammitglied zwei Arbeitsblätter: Das eine thematisiert die persönlichen Risikofaktoren, die Stress bereiten (◘ Abb. 11.6), das andere Blatt bezieht sich auf Ressourcen und Schutzfaktoren (◘ Abb. 11.7). Jede/r Mitarbeiter/-in soll sich Zeit nehmen und aufschreiben, was ihr/ihm Stress verursacht. Bedenken Sie, dass es interne und externe Stressquellen gibt. Oft macht man sich den Stress auch selbst.
- Im nächsten Schritt fragen Sie Ihr Team, wer seine Stressfaktoren mitteilen möchte. Schreiben Sie auf Moderationskarten mit, und heften Sie alle Stressfaktoren sortiert an eine Pinnwand.
- Überlegen Sie gemeinsam im Team, was man verändern kann, um diese Stressfaktoren auszuschalten. Handelt es sich um interne oder externe Stressoren? Geht es um Pausen, um Kommunikation oder um Zusammenarbeit? Wo kann man die Strukturen verändern und anpassen? Schreiben Sie die Lösungen mit, und sammeln Sie diese ebenso an der Pinnwand Wichtig hierbei ist, dass die Lösungen aus dem Team kommen.
- Nachdem Sie sich mit Problemen befasst haben, sollten Sie nun etwas über Achtsamkeit erzählen. Dazu eignet sich z. B. die Geschichte vom Zen-Meister (► Kap. 10), der nicht in der Vergangenheit und nicht in der Zukunft, sondern in der Gegenwart lebt. Sie können auch mit Ihrem Team achtsam atmen und hierzu eine kleine Übung machen. Dann bitten Sie das Team, das Blatt mit den Schutzfaktoren/Ressourcen zur Hand zu nehmen und alles aufzuschreiben, das ihm gut tut!
- Anschließend laden Sie das Team ein, die Schutzfaktoren miteinander zu teilen – das führt oft zu einer schönen Stimmung. Nehmen Sie sich Zeit dafür, und schreiben Sie mit. Beglückwünschen Sie dann jedes Teammitglied, dass es sich so gut kennt und die eigenen Ressourcen benennen kann. Laden Sie das Team dazu ein, diese Schutzfaktoren so oft es geht zu leben und die Batterien aufzuladen. Vielleicht ist es auch möglich, bestimmte Vorlieben in den pädagogischen Alltag miteinzubauen.
- Schließen diese Teamsitzung mit einer Übung: Wählen Sie Bildkarten aus, die eine Bank zeigen. Die Mitarbeiter/-innen sollen sich nun vorstellen, dass sie total gestresst sind und sich auf die Bank setzen, die ihnen am besten gefällt. „Wie fühlt es sich an, auf der Bank zu sitzen?" „Was nehme ich in meinem Körper wahr?" „Wie fühlt es sich an, wie nehme ich meinen Atem wahr?"
- Machen Sie eine Abschlussrunde: „Was nehme ich von der Achtsamkeit mit in den Alltag?"

Methodenkoffer – Übung: „Sei wie ein Baum"
Sie können mit Ihrem Team auch Übungen durchführen, die die Achtsamkeit fördern. Die in ► Kap. 10 gezeigte Übung zum bewussten Atmen können Sie Ihren Mitarbeitern/-innen ebenfalls zeigen und sie anregen, zu Hause oder in Pausen bewusst zu atmen. Aber auch die folgende Baum-Übung hilft, sich in stressigen Momenten oder vor schwierigen Elterngesprächen zu zentrieren. Je mehr Know-how Sie an der Hand haben, desto mehr können Sie davon an Ihr Team weitergeben. Hier finden Sie eine Anleitung zur Baum-Übung:

Stellen Sie sich vor, Sie sind ein Baum. Ihre langen Wurzeln reichen tief in den Boden hinein, Ihr stabiler Stamm wächst aufwärts, und Ihre Äste strecken sich in den Himmel. Lassen Sie sich von diesem Bild inspirieren, während Sie den angegebenen Schritten folgen.

Erster Schritt: Wurzeln
Stellen Sie die Füße fest auf den Boden. Entwickeln Sie ein Gefühl für diesen Boden, der sich unter Ihnen befindet, und drücken Sie die Füße dagegen. Spüren Sie den Druck des Bodens gegen Ihre Sohlen und die leichte Spannung in Ihren Beinen. Richten Sie die Wirbelsäule auf, und lassen Sie die Schultern sinken. Spüren Sie, wie die Schwerkraft an Ihrer Wirbelsäule „hinabströmt" in Ihre Beine und Füße und in den Boden darunter. Es ist, als würden Sie in der Erde Wurzeln schlagen und sich fest „einpflanzen".

Zweiter Schritt: Stamm

Lenken Sie die Aufmerksamkeit nun langsam von den Wurzeln auf den Stamm, der dem Rumpf Ihres Körpers, bestehend aus Bauch und Brust, entspricht. Nehmen Sie weiterhin wahr, wie die Füße auf dem Boden stehen, konzentrieren Sie sich aber hauptsächlich auf den Rumpf. Setzen Sie sich auf, oder stellen Sie sich gerade hin, und achten Sie auf die Veränderung der Haltung. Atmen Sie langsam und tief, und achten Sie auf das Heben und Senken des Brustkorbs. Nehmen Sie das sanfte Heben der Schultern und die rhythmische Bewegung des Bauchs wahr. Leeren Sie die Lunge vollständig, und spüren Sie, wie sie sich von selbst wieder füllt. Dehnen Sie die Wahrnehmung dann aus, so dass sie gleichzeitig den gesamten Rumpf erfasst – Lunge, Brust, Schultern und Bauch. Tun Sie das mindestens zehn Atemzüge lang; falls Sie mehr Zeit haben, können es auch 15 oder 20 Atemzüge sein.

Dritter Schritt: Äste

Wie Sie die Äste des Baums in den Himmel strecken, so strecken Sie sich nun in die Welt hinein, die Sie umgibt. Aktivieren Sie alle fünf Sinne, und senden Sie diese in alle Richtungen. Nehmen Sie mit Neugier wahr, was Sie sehen, hören, riechen, schmecken und berühren können. Nehmen Sie weiterhin auch Ihre Wurzeln, Ihren Stamm und den im Hintergrund spürbaren Rhythmus des Atems wahr, richten Sie die Aufmerksamkeit jedoch hauptsächlich auf die Umgebung. Entwickeln Sie ein Gefühl dafür, wo Sie sind und was Sie gerade tun. Riechen und schmecken Sie die Luft, während Sie sie einatmen. Nehmen Sie fünf Dinge wahr, die Sie auf der Haut spüren können, z. B. die Luft auf Ihrem Gesicht, das Hemd auf Ihrem Rücken und die Uhr an Ihrem Handgelenk. Nehmen Sie außerdem fünf Dinge wahr, die Sie hören können, etwa die vielfältigen Geräusche der Natur oder der Zivilisation. Widmen Sie sich dann vollständig der Aufgabe, mit der Sie gerade beschäftig sind, und schenken Sie dieser Ihre gesamte Aufmerksamkeit.

Methodenkoffer – Atemübungen zum Loslassen

Hier finden Sie eine Atemübung, die Ihnen helfen soll, loszulassen. Oft halten wir an bestimmten Dingen fest, die uns nicht weiterbringen. Eine Situation mit einem Kind oder mit Erwachsenen kann einen zu Hause noch belasten, und man kann nicht aufhören, darüber nachzudenken. So können Sie loslassen bzw. geben Sie Ihren Mitarbeitern/-innen diese Übung dazu an die Hand:

Atmen Sie langsam und tief ein, bis die Lunge mit Luft gefüllt ist, und halten Sie dann den Atem an. Halten Sie den Atem so lange wie möglich an. Während der Atem in Ihrem Körper gefangen ist, nehmen Sie wahr, wie sich kontinuierlich Druck aufbaut. Nehmen Sie wahr, was in Brust, Hals und Bauch geschieht. Nehmen Sie wahr, wie sich Spannung aufbaut und wie der Druck ansteigt. Achten Sie auf die sich verändernden Gefühle in Kopf, Hals, Schultern, Brust und Bauch. Und halten Sie den Atem weiter an.

Halten Sie ihn an.

Nehmen Sie wahr, wie die Empfindungen stärker und unangenehmer werden und wie der Körper immer energischer versucht, Sie zum Ausatmen zu zwingen. Beobachten Sie diese Körperempfindungen wie ein neugieriges Kind, das so etwas noch nie erlebt hat. Und wenn Sie den Atem keinen Moment länger anhalten können, lassen Sie ihn langsam und ganz sanft los. Kosten Sie diese Erfahrung aus.

Genießen Sie das einfache Vergnügen, auszuatmen. Nehmen Sie das Loslassen wahr.

Nehmen Sie wahr, wie die Spannung sich löst. Nehmen Sie wahr, wie die Lunge sich leert und wie die Schultern absinken. Genießen Sie das einfache Vergnügen, loszulassen.

Schritt 5: Wertschätzende Erziehungspartnerschaft managen

Julia Hitzenberger, Susanne Schuett

J. Hitzenberger, S. Schuett *Mitarbeiterführung in Krippe, Kindergarten & Hort*,
DOI 10.1007/978-3-662-49108-9_12

12.1 Von Anfang an: Wie Sie die Weichen für eine gute Zusammenarbeit stellen

Von Anfang an die Weichen für eine wertschätzende Erziehungspartnerschaft stellen

Nicht zuletzt sollten Sie als Leitung eine wertschätzende Erziehungspartnerschaft zwischen den Eltern und Ihren Mitarbeitern/-innen managen, unterstützen und fördern. Für die frühkindliche Bildung ist es von großer Bedeutung, dass eine Partnerschaft auf gleichwertiger Höhe zu den Eltern besteht, indem man sich gegenseitig als Partner anerkennt und die Eltern Achtung und Respekt gegenüber der pädagogischen Arbeit zeigen, durch wertschätzende Kommunikation und Grenzwahrung. Was können Sie als Leitung nun aber konkret tun, um eine auf Wertschätzung basierende Partnerschaft herzustellen? Geht das überhaupt? Schließlich handelt es sich ja am um zwei Parteien, auf deren Beziehung Sie grundlegend keinen Einfluss haben, oder? Doch, Sie können eine wertschätzende Erziehungspartnerschaft managen, indem Sie von Anfang an Wertschätzung seitens der Eltern gegenüber Ihren Mitarbeitern/-innen und deren Arbeit fördern. Beispielsweise ermöglichen Elternabende, Elterngespräche und verschiedene Veranstaltungen es Ihnen, unterschwellig Einfluss auf die Beziehung zu nehmen und auf beiden Seiten den Boden für Wertschätzung zu ebnen. Treten die Eltern in die Kita ein, ist es von höchster Bedeutung, hier die Weichen zu stellen für eine wertschätzende Erziehungspartnerschaft. Denn dies ist der erste Kontakt zu den Eltern, der prägend für die ganze weitere Zusammenarbeit sein kann! Es sollte klar kommuniziert werden, wer welche Rolle in der Erziehungspartnerschaft einnimmt. Ebenso ist wichtig, die Eltern genauso als Partner wertzuschätzen und anzuerkennen. Sie als Leitung sollten den Eltern erklären, dass hier eine Erziehungspartnerschaft gebildet wird. Es ist außerdem wichtig, zu verdeutlichen, dass die Position der Eltern, nämlich als Spezialisten für ihre Kinder, wertgeschätzt wird, dass die Fachkräfte dabei eine objektivere Haltung einnehmen und dass diese Partnerschaft zum Ziel hat, die Entwicklung des Kindes zu fördern. Zudem sollten Sie den Eltern bewusst machen, dass beide Partner trotz unterschiedlicher Rollen gleichwertig sind, dass es dauert, bis sich Vertrauen einstellt, und dass ein offener und ehrlicher Umgang miteinander unerlässlich ist. Hier ist es Aufgabe der Leitung, eine Basis zu schaffen. Allerdings müssen die Fachkräfte den weiterführenden Weg selbst gehen, indem sie als professionelle Fachkräfte eine wertschätzende Erziehungspartnerschaft kultivieren.

Von Anfang an den Standpunkt der Kita klären und auf Eltern aller Art eingehen

Wie sollen Sie das konkret machen? Stellen Sie sich vor, Sie stehen im ersten Kontakt mit neuen Eltern. Der erste Eindruck ist der wichtigste und zählt am meisten! Nie wieder haben Sie die Möglichkeit, so entscheidende und wesentliche Dinge zu vermitteln. Nie wieder werden Ihnen Eltern so zuhören und so aufnahmefähig sein wie bei diesem ersten Treffen. Erklären Sie den Eltern und Familien gleich die Ziele und Aufgaben der Kita. Verdeutlichen Sie die Bedeutung der Zusammenarbeit zwischen Eltern und Kita. Handelt es sich um

Eltern aus einem anderen Kulturkreis, ist es umso wichtiger, Aufklärung zu betreiben. Um Verständigungsschwierigkeiten mit ausländischen Eltern zu vermeiden, sollte man klären, ob man einen Dolmetscher benötigt. Aber auch wenn sich Eltern als sehr anspruchsvoll und fordernd herausstellen, sind Sie als Leitung in der Pflicht, die Eltern ein wenig in die Schranken zu weisen. Denn sollten Sie bei der Vertragsunterzeichnung den Eltern mehr oder wenig zustimmen, kann es passieren, dass sie sich später immer wieder beschweren, weil ihre Ansprüche nicht erfüllt werden. Deshalb ist Vorsicht geboten: Machen Sie Ihren Standpunkt als Kita gleich beim ersten Treffen klar – damit sparen Sie sich viel Ärger für die Zukunft! Möglicherweise gibt es auch die Idee eines „Vertrags zur Erziehungspartnerschaft", worin Sie alle wichtigen Punkte festhalten, die Ihnen und Ihrem Team wichtig sind, wie ein wertschätzendes Miteinander und bestimmte Rollenprofile. Denn auf das, was schwarz auf weiß geschrieben und unterschrieben ist, kann man immer wieder Bezug nehmen, sollte es Schwierigkeiten geben. Natürlich ist darauf zu achten, dass Sie positiv von der Partnerschaft sprechen und die Verbindung als etwas Schönes darstellen!

Schaffen Sie eine positive und vertrauensvolle Beziehung mit den Eltern

Betonen Sie beim Erstgespräch, dass Ihnen die Bildung und Entwicklung des Kindes sehr am Herzen liegen und Sie deshalb gerne möglichst viele Informationen dazu erhalten möchten. Ein Elternfragebogen oder Ähnliches kann Sie dabei unterstützen. Je mehr Sie wissen und je intensiver und positiver Sie die Beziehung zu den neuen Eltern gestalten, desto besser kann die zukünftige Zusammenarbeit verlaufen. Fragen Sie die Eltern nach Ihren Erwartungen und Wünschen, und nehmen Sie sich die Zeit, Antworten zu geben. Um den Eltern Sicherheit zu geben, damit sie Vertrauen zu den Fachkräften fassen können, ist es hilfreich, wenn sie während der Eingewöhnungszeit in der Kita bleiben dürfen. Eine Hospitation in der Gruppe macht die Arbeit der Erzieher/-innen transparent, ohne sie im Nachhinein verbal beschreiben zu müssen. Besprechen Sie auch mit Ihrem Team, dass es keine Sorge haben muss, wenn Eltern hospitieren – viele Pädagogen/-innen sind nicht begeistert von Eltern in der Gruppe –, denn wenn die Eltern ihr Kind gut aufgehoben wissen, ist das nachhaltig von großer Bedeutung! Erst wenn nämlich eine vertrauensvolle Basis geschaffen wurde, können Erziehungsschwierigkeiten thematisiert werden. Eine Vernetzung zu Migrationsdiensten, Kulturvereinen und ehrenamtlichen Helfern bieten den Erziehern/-innen eine gute Unterstützung, vor allem bei Themen, die die Handlungsmöglichkeiten der Fachkräfte übersteigen.

Vermitteln Sie als Leitung zwischen Kulturen

Wichtig ist immer: Eltern wollen das Beste für ihr Kind und wollen sich sicher sein, dass es in der Kita optimal betreut und gefördert wird. Da offensichtlich ist, dass Flüchtlingsfamilien und ihre Kinder einen höheren Betreuungsaufwand benötigen, kann leicht der Eindruck entstehen, dass andere Kinder dadurch weniger Aufmerksamkeit bekommen. Es ist daher wichtig, den deutschen Eltern klar zu machen, dass ein interkulturelles Lernfeld die interkulturellen Kompetenzen fördert und vor allem Toleranz und Offenheit erlernt wird. Letztlich haben Sie als Kita und vor allem als Leitung eine Schlüsselrolle in der Mediation zwischen Eltern und Kulturen: Sie können Wertschätzung zwischen den Elterngruppen füreinander schaffen und begünstigen!

Wie Sie Missverständnisse vorbeugen und einen guten Empfang gestalten

Um Missverständnissen und Fehlkommunikation mit Eltern vorzubeugen, ist es wichtig, einen guten Empfang zu gewährleisten, indem Sie eine positive und wertschätzende Grundhaltung den Eltern gegenüber einnehmen. Zeigen Sie, dass Sie sie verstehen wollen und sie ernst nehmen. Schenken Sie den Eltern volle Aufmerksamkeit, und hören Sie aktiv zu. Wiederholen Sie das von den Eltern Gesagte, und fassen Sie es in Ihre eigenen Worte, um zu überprüfen, ob Sie die Eltern richtig verstanden haben. Damit verbinden Sie sich mit den Eltern auf der Beziehungsebene und leben selbst vor, was Sie von den Eltern als Partner erwarten.

12.2 Wie Sie mit Eltern effektiv kommunizieren

Nehmen Sie den Eltern gegenüber eine wertschätzende Grundhaltung an

Die Kommunikation mit den Eltern Ihrer Einrichtung stellt das A und O der Zusammenarbeit dar. Wie Sie bereits in ▶ Kap. 10 erfahren haben, ist die wertschätzende personzentrierte Haltung unabdingbar für eine gute Zusammenarbeit. Nicht nur Mitarbeitern/-innen gegenüber sollten Sie diese Haltung einnehmen, sondern auch gegenüber den Eltern und Familien Ihrer Kita! Wenn Eltern in Ihre Einrichtung kommen, kommt gleichsam ein neues System in Ihre Kita. Die neuen Eltern haben eine bestimmte Landkarte, bestimmte Erfahrungen und Denkweisen – zudem haben die Eltern unterschiedliche Bildungsniveaus und unterschiedliche kulturelle und sprachliche Hintergründe. Seien Sie also empathisch, und versuchen Sie, die Erlebniswelt der neuen Eltern – ohne zu bewerten – zu verstehen. Akzeptieren und wertschätzen Sie die neuen Kita-Mitglieder unabhängig von dem, was Sie mitbringen, und holen Sie sie da ab, wo sie stehen. Verhalten Sie sich kongruent und stimmig, trauen sie den Eltern zu, dass sie sich gut einbringen, und seien Sie positiv neugierig und interessiert an der neuen Familie! Wenn Sie selbst diese Haltung einnehmen, werden es auch die Eltern rückwirkend tun!

Versuchen Sie immer, die Bedürfnisse aufgebrachter Eltern zu erkennen

Wichtig ist dabei, dass Sie darauf achten, mit den Eltern stets wertschätzend und gewaltfrei zu kommunizieren. Das ist nämlich nicht immer so einfach. Es gibt sehr nette, verständnisvolle Eltern aber auch Eltern – so haben Sie vielleicht bereits die Erfahrung gemacht –, die sehr anstrengend und fordernd sein können, die sich ständig beschweren und auch Ihre Mitarbeiter/-innen in der Gruppe kritisieren. Wichtig ist, dass Sie allen Eltern wertschätzend begegnen und versuchen, ihre Bedürfnisse hinter ihren Forderungen und kritischen Bemerkungen zu erkennen und sie entsprechend aufzugreifen. Achten Sie darauf, dass Sie Eltern nicht gegen sich aufbringen, sondern dass Sie immer das gemeinsame Ziel vor Augen führen, nämlich das Wohl des Kindes im Sinne einer Erziehungspartnerschaft. Wenn sich Eltern beschweren, kann es passieren, dass Sie selbst auch in eine Antihaltung geraten. Versuchen Sie dennoch stets mithilfe der Giraffensprache, sich mit aufgebrachten Eltern zu verbinden und höflich und freundlich zu bleiben.

Stellen Sie sich hinter Ihr Team und schätzen Sie es vor den Eltern

Zum einen ist der Kontakt zwischen Ihnen als Leitung und den Eltern als solches wichtig, zum anderen haben Sie auch noch eine andere Aufgabe: Sie wollen eine wertschätzende Erziehungspartnerschaft zwischen den Eltern und Ihren Mitarbeitern/-innen managen und darauf positiv einwirken. Wie können Sie das schaffen, wenn letztlich die Beziehung zwischen den Gruppenpädagogen/-innen und den Eltern abseits von Ihnen stattfindet? Sie haben sehr wohl die Möglichkeit, darauf Einfluss zu nehmen. Denn Sie haben bereits die Weichen für eine gute Zusammenarbeit beim Erstkontakt gestellt und können nun tagtäglich durch Ihre Kommunikation mit den Eltern deren Blick auf die Pädagogen/-innen prägen. Es gibt Leitungen, die sprechen teilweise abschätzig über ihr Personal gegenüber Eltern oder bestätigen diese in negativen Meinungen. Wenn Sie als Leitung nicht hinter Ihrem Team stehen, dann werden die Eltern automatisch weniger Wertschätzung gegenüber Ihren Mitarbeitern/-innen haben. Ebenso können Sie Ihr Team positiv beeinflussen, was die direkte Kommunikation mit den Eltern betrifft. Oftmals entsteht bei Pädagogen/-innen eine Antihaltung gegenüber Eltern, wenn diese bestimmte Regeln der Gruppe nicht einhalten, zu spät kommen oder andere Ansichten haben. Wenn aber die Eltern im Gegenzug ebenfalls eine abwehrende Haltung einnehmen, verhärten sich nur die Fronten, und eine wertschätzende Erziehungspartnerschaft ist nicht mehr gegeben. Schulen Sie Ihr Personal also auf eine entsprechende Kommunikationsform, wie sie am besten mit Eltern umgehen können. Grundlage ist vor allem die wertschätzende Grundhaltung und Akzeptanz gegenüber den Eltern! Sie werden auch Mitarbeiter/-innen haben, die nicht so empathisch und freundlich sind – auch diesen sollten Sie grundlegende Kommunikationsregeln nahelegen und im Team entsprechend erarbeiten.

Der Elternabend – ein Vorschlag

Hier finden Sie eine Idee, wie sie einen Elternabend gestalten mit dem Ziel, Eltern möglichst zufrieden zu stimmen, sie von Ihrer pädagogischen Qualität zu überzeugen und dem Team näher zu bringen. Elternabende sind eine wunderbare Möglichkeit, um sich als Gesamtteam zu präsentieren! Hier können Sie transparent machen, welche Bildungsarbeit sie leisten, und Sie können die Eltern „ins Boot" holen.

Ziel 1: Mit Professionalität als Team überzeugen

Wichtig ist, dass Sie geschlossen als Team auftreten und dass alle teilnehmen und Sie sich mit Namensschildern präsentieren. Denn die Eltern sollen sehen, dass hier das Motto „Eine/r für alle, alle für eine/n!" gilt. Auch neue Mitarbeiter/-innen und Eltern sollten am Elternabend vorgestellt und auf feinfühlige Weise integriert werden, um ihnen die entsprechende Wertschätzung zuteil werden zu lassen.

Ziel 2: Bildungsarbeit transparent machen und Leistung zeigen
Überzeugen Sie die Eltern damit, was Sie alles leisten! Elternabende können dazu genutzt werden, damit sich alle Fachkräfte mit ihrem Aufgabenbereich als Experten vorstellen und präsentieren, welche Schwerpunkte sie in der pädagogischen Arbeit haben. Dadurch steigt das eigene Kompetenzgefühl, welches ebenso den Eltern gleichsam durch die Präsentation übermittelt wird. Präsentiert sich die Fachkraft entsprechend kompetent, wird sie auch die erwünschte Anerkennung ihres Gegenübers erhalten. Zudem können die Elternabende von der Leitung dazu genutzt werden, um neue wissenschaftliche frühpädagogische Erkenntnisse oder das pädagogische Konzept den Eltern z. B. anhand einer Power-Point-Präsentation anschaulich vorzustellen. Wichtig ist immer, dass Sie sich professionell zeigen und nicht mit Ihrem Wissen und Ihren Kompetenzen hinter dem Berg halten.

Ziel 3: Teamwork zwischen Eltern und Pädagogen/-innen verbessern
Nutzen Sie den Elternabend dazu, nochmal auf die Erziehungspartnerschaft einzugehen und diese zu verbessern! Eltern profitieren davon, indem sie Fragen stellen und Rat suchen können. Der Elternabend kann als Plattform jeglichen Austauschs von Eltern und Erziehern/-innen dienen. Wie wie in der Teamsitzung sollte von der Leitung deutlich gemacht werden, dass hier der Ort ist, um etwaige Probleme anzusprechen und zu diskutieren oder um Wünsche darzulegen. Hierzu eignet es sich, ein Plakat aufzuhängen, wo Eltern ihre Wünsche platzieren können. Umgekehrt sollte das auch für die Fachkräfte gelten. Die Leitung sollte dabei als Moderator fungieren, Diskussionen anleiten und entsprechend durch den Elternabend führen.

Elterngespräche erfolgreich führen

Elterngespräche können dazu genutzt werden, um zu zeigen, was tagtäglich in der Kita passiert. Vermitteln Sie Ihren Mitarbeitern/-innen, dass Sie es den Eltern sehr wohl „reindrücken" dürfen, wenn sie sich für ihre Arbeit Wertschätzung wünschen. Vor allem wenn ein Kind besonders anstrengend ist und viel Aufmerksamkeit braucht, kann das ruhig gesagt werden. Es sollte nur richtig formuliert werden, damit sich die Eltern nicht vor den Kopf gestoßen fühlen und beleidigt sind. Im Eltern- bzw. Entwicklungsgespräch kann vermittelt werden, wie die tägliche Arbeit mit den Kindern abläuft, was bei etwaigen Problemen und Schwierigkeiten überlegt wurde, was man unternommen hat und welche Kompetenzen der Kinder in welcher Weise gefördert wurden. Darüber hinaus sollten diese Gespräche empathisch und wertschätzend geführt werden, da auch Eltern unsicher in ihrer Erziehung sind und nicht gerne hören, wenn es beispielsweise Schwierigkeiten mit ihrem Kind gibt. Eltern und Kinder sind sehr eng verbunden – oftmals projizieren Eltern Teile des Selbst auf die Kinder und sind dadurch umso sensibler. Wertschätzende Gesprächsführung sollte daher auch den Mitarbeitern/-innen durch Sie als Leitung vermittelt werden, etwa wie man im Gespräch vorgehen kann und was zu beachten ist. Systemische Frageformen eignen sich auch sehr gut für Elterngespräche – coachen Sie Ihr Team darin (► Kap. 13)!

Beschwerdemanagement: So funktioniert es
Beschwerden von Eltern werden von Kita-Leitungen meistens nicht erfreut aufgenommen. Es bedarf große Mühe und Kraft, sich mit Eltern auseinanderzusetzen, vor allem wenn viele andere Aufgaben erledigt werden müssen. Um sich besser in Eltern einfühlen zu können, die ein kritisches Anliegen haben, möchten wir Sie dazu einladen, sich Folgendes zu überlegen: Was geht in einem Menschen vor, der sich beschwert?

Stellen Sie sich einfach vor, Sie haben ein Kleid in einem Kaufhaus gekauft. Als Sie zu Hause ankommen, stellen Sie fest, dass es kaputt ist. Sie müssen also an einem Samstag erneut in das Kaufhaus fahren. Das kostet Zeit und Nerven. Sie gelangen an der Kasse an und treffen auf eine Verkäuferin, die sich Ihrem Problem alles andere als einfühlsam annimmt. Sie ist vielmehr genervt und nicht daran interessiert, Ihnen zu entgegenzukommen. Was empfinden Sie dabei? Vermutlich fühlen Sie sich unverstanden und nicht ernst genommen. Genauso geht es sehr wahrscheinlich einer Mutter, die bei Ihnen auf Ablehnung stößt.

Folglich heißt die Regel Nr. 1, wenn sich Eltern beschweren, dass Sie nicht auf Konfrontation gehen, sondern „mit den Eltern weinen". Das heißt, dass Sie Ihr Bedauern darüber zeigen, dass die Eltern jetzt gerade diese oder jene Sorge mit ihrem Kind haben. Teilen Sie die Sorge, fassen Sie das Gesagte in Ihre Worte, und versichern Sie sich beim Gegenüber, dass Sie es richtig verstanden haben. Im Anschluss bringen Sie Ihre eigene Meinung zu diesem Thema mit einem „und zugleich" statt einem „ja, aber" ein und lenken damit das Geschehen in eine lösungsorientierte Richtung. Die Eltern werden, das, was Sie zu sagen haben, nun viel besser annehmen können, weil sie sich von Ihnen verstanden fühlen.

Beispiel
Frau Müller kommt zu Ihnen ins Büro und sagt: „Jetzt muss ich aber mal mit Ihnen reden! Meine Tochter, die Sabine, muss immer in der Ecke stehen! Das geht einfach gar nicht!" Kita-Leitung: „Hallo Frau Müller." Lächeln Sie sie verständnisvoll an: „Also ich verstehe, dass Sie dass Gefühl haben, Ihre Tochter muss immer in der Ecke stehen, und darüber scheinen Sie sehr besorgt zu sein." Frau Müller nickt. Sie haben es bereits geschafft, eine Verbindung herzustellen und hinter dem Zorn auf das Gefühl der Sorge zu stoßen. Kita-Leitung: „Frau Müller, ich verstehe Ihre Sorge und Ihr Bedürfnis, dass es Ihrem Kind gut geht, *und zugleich* weiß ich aus eigener Erfahrung, dass die Kollegen/-innen in der Gruppe sehr liebevoll mit den Kindern umgehen. Ich würde Sie bitten, direkt mit der Kollegin zu sprechen, um den Vorfall zu klären. Denn auch ich möchte, dass es Ihrem Kind hier bei uns gut geht und Sie zufrieden sind." Frau Müller: „Ja, danke, das werde ich machen."

12.3 Brücken bauen: Wie Sie Eltern mit „ins Boot" holen

Kennen Sie Eltern, die sich wie in ◻ Abb. 12.1 über die Krippe, den Kindergarten oder den Hort äußern?

Was kommen in Ihnen für Gefühle hoch? Was denken Sie über diese Eltern? Es wäre Ihnen wirklich nicht zu verdenken, wenn Sie erst mal richtig sauer wären. Unverschämt! Aber solche Äußerungen sind vermutlich an der Tagesordnung, und der Grund dafür ist keine böse Absicht dieser Familien, sondern es fehlt Ihnen scheinbar die

Abb. 12.1 Eltern in der Kita

Transparenz und die Information. Schauen wir uns das erste Pärchen an, das den Eindruck hat, dass in der Kita überhaupt nichts passiert. Bevor Sie in den Gegenangriff übergehen, überlegen Sie sich: „Was bekommen die Eltern von unserer Arbeit mit? Was könnten Sie im besten Fall mitbekommen?" Alle Eltern, die zu Ihnen in die Kita kommen, haben ein inneres Bild davon, was ihr Kind im Kindergarten oder in der Krippe oder im Hort lernen soll. Die einen erwarten Bildungsangebote, die anderen sind über Freundschaften sehr glücklich, und wieder andere sind einfach froh, wenn ihr Kind einen guten Tag in der Kita verbringt. Nun sind aber die unterschiedlichen Landkarten dafür verantwortlich, was Eltern erwarten, und oft wissen sie einfach überhaupt nicht, was Kinder heutzutage in der Kita lernen können und sollen und wie, warum und wozu es geschieht. Die Eltern haben oft eigene spezielle Vorstellungen, die sich aus ihren Erfahrungen speisen – Sie wissen es einfach nicht anders oder besser. Die Eltern sind nun mal nicht dabei im Kita-Alltag. Sie haben einen kurzen Eindruck bei der Bring- und Abholsituation (wenn nicht sogar Oma oder Opa abholen) und sind auf diese kurzen Einblicke angewiesen. Ihre Kinder werden ihnen in diesem Alter auch noch nicht ausführlich Auskunft darüber geben, was heute alles an Bildung passiert ist. So fragen sich viele Eltern: „Geht es meinem Kind wirklich gut im Kindergarten? Lacht es viel und fühlt sich wohl?" Die Eltern sind darauf angewiesen, was man ihnen erzählt und zeigt, und sie sind auf Dokumentation und Information durch die Kita angewiesen, um gezielte Einblicke und Wissen über die Kita-Arbeit zu erhalten! Eltern ziehen sonst ihre eigenen Schlüsse und spekulieren womöglich auf das, was sie sehen, und das ist dann eben manchmal falsch. Versuchen Sie also, die Eltern „ins Boot" zu holen, und schaffen Sie Transparenz und Aufklärung zwischen dem, was in der Kita passiert, und den Eltern. Um eine wertschätzende Erziehungspartnerschaft zu schaffen, sollten Sie diese Kluft bzw. Lücke schließen, indem sie Brücken bauen!

Meist steckt Unwissenheit dahinter, wenn Eltern sich beschweren und falsche Schlüsse ziehen

Sehen wir uns noch den anderen Kommentar in ◘ Abb. 12.1 an. Eine Mutter beschwert sich, dass ihr Sohn Fritz nicht einmal zum Muttertag etwas gebastelt hat. Nun können Sie wieder in die ablehnende Haltung gehen und Ihrerseits enttäuscht darüber sein, dass die Mutter einfach nicht wertschätzt, was in der Kita Tolles geleistet wird und dass sie Bildung nur über Basteleien und Produkte definiert. Nun, vielleicht weiß es diese Mutter aber nicht anders. In Ihrer persönlichen Vorstellung – womöglich gespeist aus der eigenen Kindergartenzeit – müssen Kinder etwas für bestimmte Anlässe basteln, nur dann handelt es sich um einen guten Kindergarten bzw. lernen die Kinder etwas. Auch hier sind Sie bzw. die Kollegen/-innen in der Gruppe gefragt, die Mutter und alle Eltern aufzuklären: Dass es nämlich in der frühkindlichen Bildung um Prozesse geht und nicht um Produkte und dass man mit 25 Kindern überhaupt nicht so basteln kann, dass jede/r alles selbst macht (was auch nicht zur Bildung beiträgt). Machen Sie außerdem transparent, welche weiteren Prozesse ablaufen. Und wenn sich Eltern darüber beschweren, dass ihre Kinder Löcher in der Kleidung haben oder schmutzig werden, sollten Sie präventiv bereits klären, dass es wichtig ist für Kinder, richtig spielen zu dürfen und auch dreckig zu werden. Daher sollten die Eltern bestimmte Vorkehrungen treffen, damit es zu keinen Konflikten kommt.

Wie Sie sehen, können Eltern nicht Gedanken lesen, und sie haben nicht dasselbe Know-how wie Sie und Ihr pädagogisches Team. Sie sollten sie daher „ins Boot" holen (◘ Abb. 12.2), sie darüber informieren, was Sie machen, ihnen erklären, warum Sie es machen und ihnen zeigen, wie Sie es machen! Benennen Sie die Ziele, wofür Sie es machen, und informieren Sie die Eltern entsprechend, woher Sie Ihr Wissen nehmen. Zu guter Letzt sollten Sie Eltern dahingehend beraten, wie Sie sie bei der Erziehung unterstützen können. Wie können Sie das nun gezielt machen? Zunächst fängt alles bei der Information an: Regen Sie als Kita-Leitung Ihr Team dazu an, zu dokumentieren, was tagtäglich in der Gruppe passiert. Es fängt an mit einem Tagesablauf, den man schön und professionell gestaltet vor der Türe aufhängen oder auf der Homepage veröffentlichen kann. Wenn besondere Aktivitäten durchgeführt werden, sollen die Erzieher/-innen das aufschreiben und auf der Pinnwand vor der Gruppe aufhängen. Noch besser wäre eine Dokumentation auf Plakaten, die die Eltern sehen können. Ein Wochenrückblick schafft ebenso Transparenz. Das macht Eltern oft bereits zufrieden und erleichtert, weil Sie

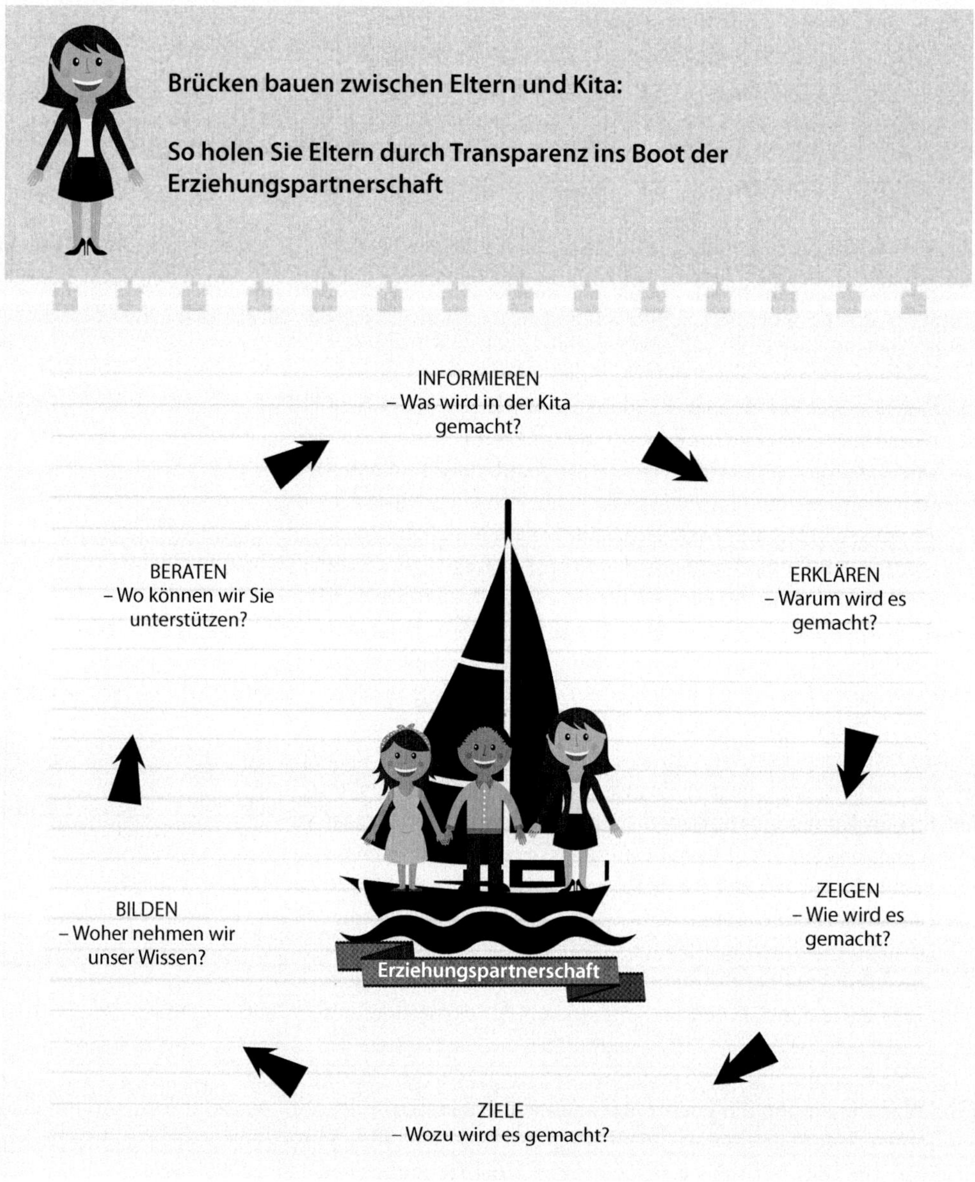

Abb. 12.2 Brücken bauen zwischen Eltern und Kita: Die Eltern mit „ins Boot" holen

sehen können, was geschieht. Die Dokumentation zeigt auch gleich, wie Bildung passiert.

So machen Sie Bildung transparent und holen die Eltern „ins Boot"

Stellen Sie noch entsprechende Verknüpfungen dar, warum und wozu die Bildungsprozesse gestaltet werden: Zum Beispiel lernen die Kinder, wie man sich die Schuhe selbstständig anzieht, weil es wichtig für ihre Selbstständigkeit ist. Ziel ist es, möglichst gute soziale

Kompetenzen – wie Selbstständigkeiten und Organisationskompetenz – zu entwickeln. Oft passiert im Kita-Alltag so viel, was für die Pädagogen/-innen ganz normal ist. Aber für die Eltern ist alles spannend! Sollte es bestimmte Themen geben, ist es oft ratsam, Bildungsangebote oder Vorträge anzubieten, um die Eltern zu informieren. Themen sind z. B. Erziehung zur Selbstständigkeit, Grenzen setzen oder auch Umgang mit Medien – je mehr Sie und Ihre Mitarbeiter/-innen sich den Eltern gegenüber öffnen, auf sie zugehen und ihnen Angebote machen, desto mehr können Sie eine Verbindung herstellen und sich als Erziehungspartner erweisen. Beraten Sie also auch die Eltern, und versuchen Sie, hinter möglichen Abwehr- und Antihaltungen das wahre Bedürfnis zu erkennen und in die Beratung zu gehen!

Eltern „ins Boot" holen durch gemeinschaftliche Veranstaltungen

Zudem dienen gemeinschaftliche Veranstaltungen wie Sommerfeste und Weihnachtsfeiern dazu, dass sich Eltern und Erzieher/-innen auch außerhalb des Kita-Alltags begegnen, um sich ganz unbefangen auf persönlicher Ebene kennenlernen zu können. Dies fördert und stärkt die Beziehung und die gegenseitige persönliche Wertschätzung. Es bietet sich auch ein Elternnachmittag an, an dem die Eltern in die Gruppen eingeladen werden und den Kita-Alltag kennenlernen können. Je mehr sich Eltern willkommen fühlen, desto größer wird auch ihr Vertrauen werden!

Indem Sie Brücken bauen zu Eltern, schaffen Sie auch auf gesellschaftlicher Ebene Toleranz

Denken Sie immer daran: Je mehr Sie sich mit den Eltern verbinden und je mehr Transparenz Sie schaffen, desto mehr tragen Sie zur Anerkennung des Erzieherberufs bei, Sie werten ihn auf und tragen es über die Eltern in die Gesellschaft hinein. Sie haben letztlich über die Außenwirkung und über Ihr konkretes Handeln sehr viel Wirkung auf das große Ganze! Denn wenn Sie allen Eltern wertschätzend und empathisch begegnen und sie mit all ihren Möglichkeiten und Fähigkeiten akzeptieren und respektieren, erkennen Sie Vielfalt an und prägen durch Toleranz und Wertschätzung die Gesellschaft mit.

Schlusswort: Wertschätzung für und in Kitas geht uns alle an

Julia Hitzenberger, Susanne Schuett

J. Hitzenberger, S. Schuett *Mitarbeiterführung in Krippe, Kindergarten & Hort*,
DOI 10.1007/978-3-662-49108-9_13

Viel Erfolg für alle Kita-Leitungen!

An dieser Stelle möchten wir Ihnen als Kita-Leitung für die Führung Ihrer Mitarbeiter/-innen in Krippe, Kindergarten und Hort viel Erfolg wünschen. Wir hoffen, dass dieses Buch das „Leben und Arbeiten" in Kitas tatsächlich entscheidend verbessern hilft – für Sie als Kita-Leitung, für Ihre Mitarbeiter/-innen und natürlich für die in Ihrer Einrichtung betreuten Kinder und deren Eltern.

Mehr Wertschätzung, bitte!

Außerdem hoffen wir, Ihnen die besondere Bedeutung von Wertschätzung im Rahmen Ihrer Tätigkeit als Kita-Leitung näher gebracht zu haben. Denn Wertschätzung spielt nicht nur in der Kita, sondern auch in unserer gesamten Gesellschaft eine bedeutsame Rolle. Wertschätzung ist ein Grundbedürfnis, das jeder Mensch hat. Zudem ist Wertschätzung ein zentraler Pfeiler von Bildung und Entwicklung über die gesamte Lebensspanne. Wir brauchen ein Mehr an Wertschätzung in unserer Gesellschaft. Denn nur wer wertgeschätzt wird, kann auch lernen und sich entwickeln – das gilt nicht nur für Kinder, sondern auch für Erwachsene: Wertschätzung ist wichtig für Groß und Klein!

Wertschätzung für Groß und Klein – von Anfang an, ein Leben lang!

Als Kita-Leitung haben Sie jetzt die Chance, die gesellschaftlich so wichtige Wertschätzung für und in Ihrer Einrichtung (sei es Kindergarten, Krippe oder Hort) mitzugestalten und voranzutreiben – für Sie selbst, für Ihre Mitarbeiter/-innen sowie für die Kinder und deren Eltern. Kitas sind eine (wenn nicht sogar die) zentrale Wiege der Wertschätzung unserer Gesellschaft im 21. Jahrhundert. Wertschätzende Bildung geht uns alle an – von Anfang an, ein Leben lang!

Ressourcen für Kita-Leitungen

Julia Hitzenberger, Susanne Schuett

J. Hitzenberger, S. Schuett *Mitarbeiterführung in Krippe, Kindergarten & Hort*,
DOI 10.1007/978-3-662-49108-9_14

Nachfolgend finden Sie eine Auswahl einiger exzellenter Ressourcen (ohne den Anspruch der Vollständigkeit zu erheben) als Unterstützung für Ihre Arbeit als erfolgreiche Kita-Leitung.

14.1 Gesunde Führung – gesunde Kita

http://www.aok-business.de/aokplus/praxis-aktuell/erfolgreich-ausbilden/selbsttest-gesund-fuehren
http://www.do-care.de/gesund-fuehren
http://www.ergo-online.de
http://www.gesundbleiben-kita.de
http://www.gesundheitsmanagement24.de/praxisleitfaeden-checklisten/gesund-fuehren
http://www.kigg.info
http://www.kindergesundheit-info.de
http://www.kindergesundheit-info.de/fuer-fachkraefte/hintergruende-grundlagen/kita-projekt
http://www.kita-gesundheit.de/achtsamheit-im-kindergarten/
http://www.zukunft-praevention.de

14.2 Informationen und Materialien

http://www.bag-bek.eu
http://www.bestpractice-online.de
http://www.bildungsserver.de
http://www.charaktertest.net/persoenlichkeitstest
http://www.charta-der-vielfalt.de
http://www.demobib.de/bib/
http://www.educcare.de
http://www.entwicklungsbegleitung.de
http://www.erzieherin.de
http://www.fruehe-chancen.de
http://www.fruehe-tagesbetreuung.de
http://www.giraffentraum.de
http://www.haw-hamburg.de/cckids.html
http://www.inklumat.de
http://www.inqa-audit.de
http://www.inqa.de
http://www.kigaleiterin.de
http://www.kigaportal.com
http://www.kindergartenleitung.at
http://www.kindergartenpaedagogik.de
http://www.kita-aktuell.at
http://www.kita-bildungsserver.de/praxis/forschung
http://www.kita-qualitaet.de
http://www.lernen-erfahren-austauschen.de

http://www.liga-kind.de
http://www.pro-kita.com
http://www.prokita-portal.de
http://www.quali-kita.ch
http://www.renatealf.de
http://www.tbs-nrw.de/shop/broschueren/details/artikel/broschuere/alternsgerechtes-arbeiten-in-kindertagesstaetten/details.html
http://www.unternehmens-wert-mensch.de
http://www.weiterbildungsinitiative.de
http://www.wertekommunikation.info/wertetest

14.3 Konferenzen und Fachtagungen

http://www.deutscher-kitaleitungskongress.de
http://www.österreichischer-kitaleitungskongress.at

14.4 Institute und Organisationen

Arbeitsgemeinschaft Psychoanalytische Pädagogik (APP), Wien
Ausweitung der Weiterbildungsinitiative Frühpädagogische Fachkräfte (AWiFF)
Bayerisches Staatsministerium für Arbeit und Soziales, Familie und Integration (stmas)
Bundesarbeitsgemeinschaft für Bildung und Erziehung in der Kindheit e.V.
Bundesministerium für Bildung und Forschung (bmbf)
Bundeszentrale für gesundheitliche Aufklärung (BzgA)
Competence Center zum „Aufwachsen von Kindern" i.G. an der HAW Hamburg (CCKids)
Das Demographie Netzwerk e.V.
Deutsche Gesellschaft für Demographie (DGD)
Deutsche Gesellschaft für Erziehungswissenschaft (DGfE) (Kommission Pädagogik der frühen Kindheit)
Deutsche Gesellschaft für Systemische Therapie, Beratung und Familientherapie (DGSF)
Deutsches Jugendinstitut (DJI)
Fachverband Gewaltfreie Kommunikation e.V.
Fakultät für Psychologie und Pädagogik, Ludwig-Maximilians-Universität München
Frankfurter Arbeitskreis für Psychoanalytische Pädagogik e.V.
Hans Böckler Stiftung („Demografischer Wandel")
Institut für Bildungswissenschaft, Universität Wien
Niedersächsisches Institut für frühkindliche Bildung und Entwicklung (nifbe)
Österreichische Plattform für Interdisziplinäre Altersfragen (ÖPIA)
Robert-Bosch-Stiftung

Staatsinstitut für Frühpädagogik (IFP), Bayern
The Organisation for Economic Co-operation and Development (OECD)
The Sloan Center on Aging and Work
Weiterbildungsinitiative Frühpädagogische Fachkräfte (WiFF)
World Health Organization: Ageing and Life Course

14.5 Fachzeitschriften

4 bis 8 – Fachzeitschrift für Kindergarten und Unterstufe
Bausteine Kindergarten
Betrifft KINDER
DGUV Kinder, Kinder
Die Kindergartenzeitschrift
Diskurs Kindheits- und Jugendforschung
DJI Impulse
Entdeckungskiste – Zeitschrift für die Praxis in Kiga und Kita
Forschung in der Frühpädagogik
Frühe Bildung
Frühe Kindheit
Heilpädagogik Online
IFP-Infodienst – Bildung, Erziehung und Betreuung von Kindern in Bayern
Journal für Kinder, Eltern und Erzieher
kindergarten heute
kinderleicht!?
Kindheit und Entwicklung
KiTa aktuell Recht
KiTa aktuell spezial
KiTa KinderTageseinrichtungen aktuell
Kita-Leitung in der Praxis
KitaDebatte
klein & groß
Kleinstkinder in Kita und Tagespflege
KREISEL – Themen und Projekte für die Arbeit mit Kindern
MedienPädagogik
MedienPädagogik (online)
merz – medien+erziehung
Mit Kindern wachsen
Musik in der Kita
musikpraxis – Musik und Bewegung in Kindergarten, Musik- und Grundschule
Offene Spielräume
TPS – Theorie und Praxis der Sozialpädagogik
unerzogen magazin
WDK – Welt des Kindes

Zeitschrift für Erziehungswissenschaft
Zeitschrift für Pädagogik

14.6 Wichtige Studien

http://www.aqua-studie.de (AQUA-Studie)
http://www.ash-berlin.eu/forschung/forschungsprojekte/schluessel-zu-guter-bildung-erziehung-und-betreuung/ (Schlüssel-Studie)
http://www.ash-berlin.eu/forschung/forschungsprojekte/stege (STEGE-Studie)
http://www.educationscotland.gov.uk/resources/e/genericresource_tcm4626987.asp (REPEY-Studie, UK)
http://www.elementarpaedagogik.uni-osnabrueck.de/index.php/forschung (TUF-Studie)
http://www.ioe.ac.uk/about/17315.html (ELEYs-Studie, UK)
http://www.kiggs-studie.de (Kiggs-Studie)
http://www.nichd.nih.gov/research/supported/Pages/seccyd.aspx (NICHD-Studie, USA)
http://www.nubbek.de (Nubbek-Studie)
http://www.univie.ac.at/wiki-projekt (Wiener Krippenstudie)

14.7 Studiengänge/Zertifikatskurse mit Qualifizierung zur Kita-Leitung

14.7.1 Bachelor-Studiengänge

Diploma Hochschule: Frühpädagogik – Leitung und Management von Kindertageseinrichtungen (B.A.)
Fachhochschule des Mittelstands: Sozialpädagogik und Management (B.A.)
Fachhochschule Dresden: Sozialpädagogik und Management (B.A.)
Fliedner Fachhochschule Düsseldorf: Bildung und Erziehung in der Kindheit (Teilstudium) (B.A.)
Hochschule für Technik, Wirtschaft und Kultur Leipzig: Frühpädagogik – Leitung/Management (B.A.)
Hochschule Koblenz: Bildungs- und Sozialmanagement mit Schwerpunkt frühe Kindheit (B.A.)
Hochschule Magdeburg-Stendal: Bildung, Erziehung und Betreuung im Kindesalter – Leitung von Kindertageseinrichtungen (B.A.)
Hochschule Magdeburg-Stendal: Kindheitspädagogik – Praxis, Leitung, Forschung (B.A.)
Institut für Pädagogikmanagement: Pädagogikmanagement (B.A.)
Katholische Hochschule Freiburg: „Management von Erziehungs- und Bildungseinrichtungen" (B.A.)

14.7.2 Master-Studiengänge

Evangelische Hochschule Berlin: Leitung – Bildung – Diversität (M.A.)

Ludwig-Maximilians-Universität München: Pädagogik mit Schwerpunkt Bildungsforschung und Bildungsmanagement (M.A.)

Steinbeis Hochschule Berlin: Social, Healthcare and Educational Management (M.A.)

Universität Flensburg: Leitung frühkindlicher Bildungseinrichtungen (M.A.)

14.7.3 Zertifikatskurse

Fachhochschule Potsdam: Kita-Management (berufsbegleitende Weiterbildung mit Hochschulzertifikat)

Justus-Liebig-Universität Gießen: Zertifikatskurs Leitungs- und Bildungsmanagement in Kindertagesstätten

Pädagogische Hochschule Karlsruhe: Zertifikatsprogramm Leitungsverantwortung in der Frühpädagogik

Serviceteil

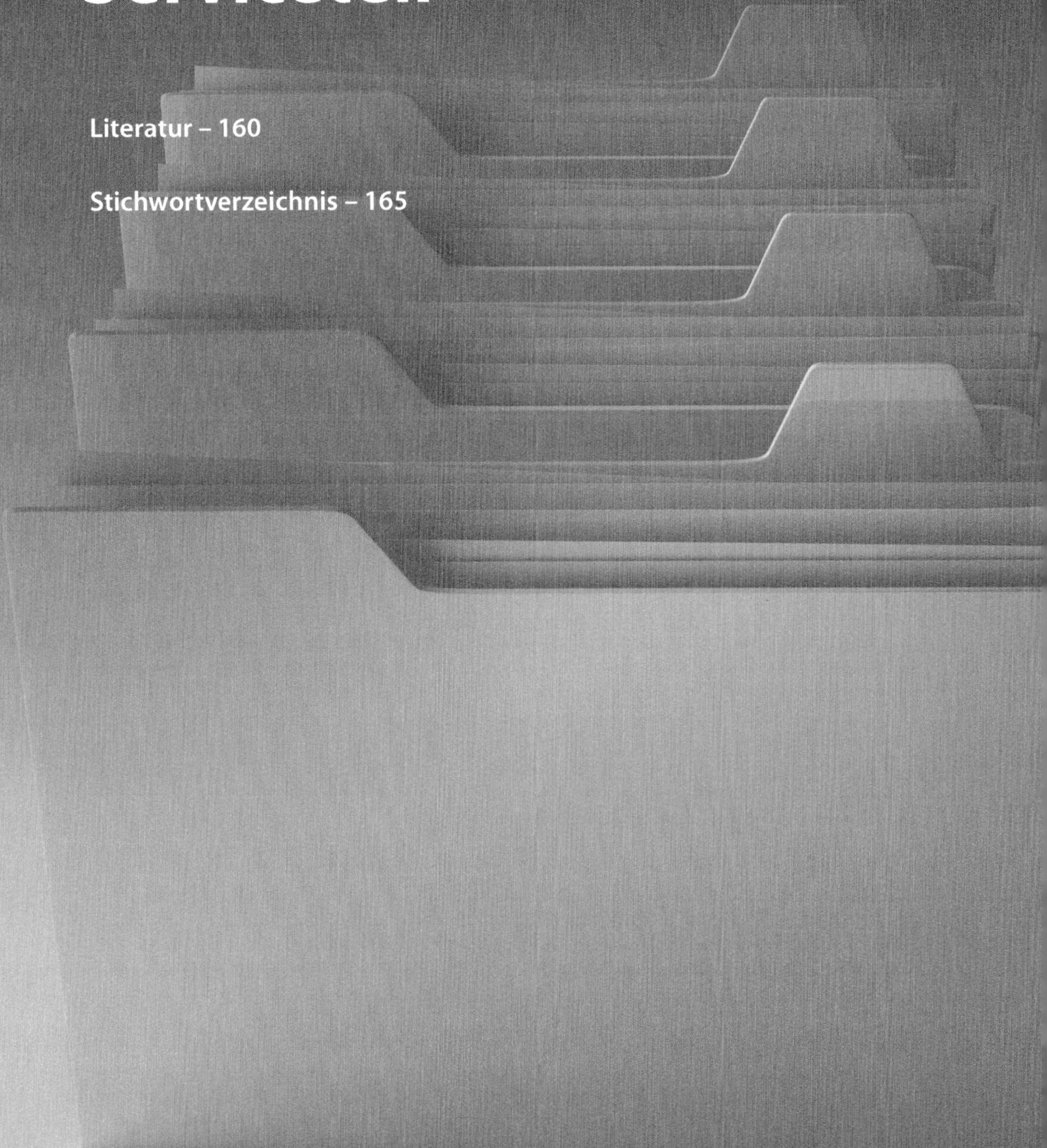

J. Hitzenberger, S. Schuett *Mitarbeiterführung in Krippe, Kindergarten & Hort*,
DOI 10.1007/978-3-662-49108-9

Literatur

Ahnert L (2007) Von der Mutter-Kind- zur Erzieherinnen-Kind-Bindung? In: Becker-Stoll F, Textor RM Die Erzieherin-Kind-Beziehung: Zentrum von Bildung und Erziehung. Cornelsen, Berlin, S 31-40

Alf R (2009) Der reinste Kindergarten. Lappan, Oldenburg

Aubrey C (2011) Leading and Managing in the Early Years. Sage, London

Aubrey C, Godfrey R, Harris A (2013) How Do They Manage? An Investigation of Early Childhood Leadership. Educational Management Administration and Leadership 41: 5–29

Badinter E (2010) Der Konflikt. Die Frau und die Mutter. Beck, München

Ballusek H, Nentwig-Gesemann I (2008) Wissen, Können, Reflexion. Die Verbindung von Theorie und Praxis in der Ausbildung von Erzieherinnen. Sozial Extra 3(4): 28-32

Baltscheit M (2011) Die Elefantenwahrheit. Kinderbuchverlag Wolff, Frankfurt

Bandura A (1976) Lernen am Modell. Klett-Cotta, Stuttgart

Bartoli P, Barth J (2012) Das „Überlebenshandbuch" für Kita-Leiterinnen! So haben Sie Mitarbeiterführung und Arbeitsrecht im Griff! PRO Kita, Bonn

Basu A, Faust L (2013) Gewaltfreie Kommunikation. Haufe, Freiburg

Bayerisches Staatsministerium für Arbeit und Sozialordnung, Familien und Frauen (BStMAS), Staatsinstitut für Frühpädagogik München (IFP) (2012) Bayerischer Bildungs- und Erziehungsplan für Kinder in Tageseinrichtungen bis zur Einschulung. Cornelsen, Berlin

Bayerisches Staatsministerium für Arbeit und Sozialordnung, Familien und Frauen (BStMAS), Staatsinstitut für Frühpädagogik München (IFP) (2010) Bildung, Erziehung und Betreuung von Kindern in den ersten drei Lebensjahren. verlag das netz, Berlin

Beher K, Walter M (2012) Qualifikationen und Weiterbildung frühpädagogischer Fachkräfte. Bundesweite Befragung von Einrichtungsleitungen und Fachkräften in Kindertageseinrichtungen. WiFF-Studien (Bd. 15). München

Berndt JC (2012) Die stärkste Marke sind Sie selbst! Das Human Branding Praxisbuch. Kösel, München

Bertelsmann Stiftung (2014) Qualitätsausbau in Kitas: Status quo, Handlungsbedarfe und Empfehlungen. Gütersloh

Bion W (1962) Lernen durch Erfahrung. Suhrkamp, Frankfurt

Böhme S, Eigenhüller L (2013) Personal in der Kindererziehung in Bayern. Arbeitsmarktsituation und Berufsverbleib. IAB-Regional 1

Borkowski J (2011) Respektvolle Führung. Wie sie geht, was sie fördert und warum sie sinnvoll ist. Gabler, Wiesbaden

Bourdieu P (1983) Ökonomisches Kapital, kulturelles Kapital, soziales Kapital. In: Kreckel R (Hrsg) Soziale Ungleichheiten. VS-Verlag, Wiesbaden, S 183-198

Bowlby J (2014) Bindung als sichere Basis. Grundlagen und Anwendung der Bindungstheorie (3. Aufl.). Reinhardt, München

Brock I (2012) Frühpädagogische Fachkräfte und Eltern – Psychodynamische Aspekte der Zusammenarbeit. WiFF-Expertisen (Bd. 25). München

Brüggemann H, Ehret-Ivankovic K, Klütmann C (2009) Systemische Beratung in fünf Gängen. Ein Leitfaden. Vandenhoeck & Ruprecht, Göttingen

Bundesministerium für Familie, Senioren, Frauen und Jugend (BMFSFJ) (2013) Gute Kinderbetreuung. http://www.bmfsfj.de/BMFSFJ/Kinder-und-Jugend/ kinderbetreuung.html. Zugriff: 22.01.2015

Bundesministerium für Bildung und Forschung, Robert Bosch Stiftung, Deutsches Jugendinstitut e.V. (2013) Weiterbildungsinitiative Frühpädagogische Fachkräfte (WiFF). http://www.weiterbildungsinitiative. Zugriff: 03.09.2013

Büssing A, Herbig B (2003) Implizites Wissen und Erfahrungsgeleitetes Arbeitshandeln: Chance oder Risiko für das Wissensmanagement. Wirtschaftspsychologie 3: 58-65

Comelli G, Rosenstiel L (2009) Führung durch Motivation. MitarbeiterInnen für Unternehmensziele gewinnen (4. Aufl.). Vahlen, München

Datler W (2000) Das Verstehen von Beziehungsprozessen. Eine zentrale Aufgabe von heilpädagogischer Praxis, Lehre und Forschung. In: Bundschuh K (Hrsg) Wahrnehmen – Verstehen – Handeln: Perspektiven für die Sonder- und Heilpädagogik im 21. Jahrhundert. Klinkhardt, Bad Heilbrunn, S 59-78

Datler W (2003) Erleben, Beschreiben und Verstehen: Vom Nachdenken über Gefühle im Dienst der Entfaltung von pädagogischer Professionalität. In: Dörr M, Göppel R (Hrsg) Bildung der Gefühle. Psychosozial-Verlag, Gießen, S 241-264

Deutsche Kinderhilfe, Wolters Kluwer Deutschland (2015). Befragung zur Wertschätzung und Anerkennung von Kitaleitungen: Von der Gesellschaft unterschätzt, von der Politik vernachlässigt? Koblenz

Deutsches Jugendinstitut/Weiterbildungsinitiative Frühpädagogische Fachkräfte (Hrsg) (2014) Leitung von Kindertageseinrichtungen. Grundlagen für die kompetenzorientierte Weiterbildung (Bd. 10). München

Dieckbreder F, Koschmider S, Sauer M (Hrsg) (2014) Kita-Management: Haltungen - Methoden – Perspektiven. Frühe Bildung und Erziehung. Vandenhoeck & Ruprecht, Göttingen

Diskowski D (2013) Kopf und Bauch. Ein unbegriffener Zusammenhang in der Handlungskompetenz von Erzieherinnen. Theorie und Praxis der Sozialpädagogik 1: 20-21

Dittrich I, Botzum E (Hrsg) (2015) Lexikon Kita-Management. Carl Link, Kronach

Dörr M, Müller B (Hrsg) (2012) Nähe und Distanz. Ein Spannungsfeld pädagogischer Professionalität (3. Aufl.). Beltz Juventa, Weinheim

Duden B (2009) Arbeit aus Liebe – Liebe aus Arbeit. Ein Rückblick. Olympe 30: 16-26

Duve AC (Hrsg) Kompass Kita-Leitung. Grundlagen und praktische Arbeitshilfen für Ihre Einrichtung. Raabe, Stuttgart

Ebert S (2011) Professionalisierung als Selbstbildungsprozess. www.Kita-fachtexte.de/fileadmin/website/FT_ebert_2011.pdf. Zugriff: 03.09.2013.

Elsner K (2013) Kleine Ursache - große Wirkung: Wertschätzung von hochqualifizierten Mitarbeitern. Hampp, München

Erath P, Amberger C (2000) Das Kita-Management-Konzept. Kindertagesstätten auf dem Weg zur optimalen Qualität. Herder, Freiburg

Esch K, Krüger T (2012) Wie aus Krisen Chancen werden: Systemisch–wertschätzende Organisations- und Personalentwicklung (SWOP). In: Reichwald R, Frenz M, Hermann S, Schipanski A (Hrsg) Zukunftsfeld Dienstleistungsarbeit: Professionalisierung - Wertschätzung – Interaktion. Springer, Wiesbaden, S 627-649

Fialka V, Schmidt HW (2011) Handbuch Bildungs- und Sozialmanagement in Kita und Kindergarten. Herder, Freiburg

Fischer-Epe M, Epe C (2012) Selbstcoaching. Hintergrundwissen, Anregungen und Übungen zur persönlichen Entwicklung. Rowohlt, Hamburg

Franz M (2014) Werte - Themenkarten für Teamarbeit, Elternabende und Seminare. Don Bosco, München

Friederich T (2011). Zusammenarbeit mit Eltern – Anforderungen an frühpädagogische Fachkräfte. Eine Expertise der Weiterbildungsinitiative Frühpädagogische Fachkräfte (WiFF). http://www.Weiterbild ungsinitiative.de/publikationen/eltern/details-zusammennarbeit-mit-eltern/artikel/zusammenarbeit-mit-eltern-anforderungen-an-fruehpaedagogische-fachkraefte.html. Zugriff: 29.08.2013

Fröhlich-Gildhoff K, Nentwig-Gesemann I, Neuß N (Hrsg) (2014) Forschung in der Frühpädagogik VII. FEL, Freiburg

Gaschler G, Gaschler F (2007) Ich will verstehen, was Du wirklich brauchst. Gewaltfreie Kommunikation mit Kindern. Das Projekt Giraffentraum. Kösel, München

Gellert F (Hrsg) (2014) Kita-Leitung, Checklisten, Textvorlagen. Walhalla, Regensburg

Gerspach M (2007) Vom szenischen Verstehen zum Mentalisieren. Notwendige Ergänzungen fürs pädagogische Handeln. In: Eggert-Schmid NA, Finger-Trescher U, Pforr U (Hrsg) Frühe Beziehungserfahrungen. Die Bedeutung primärer Bezugspersonen für die kindliche Entwicklung. Psychosozial-Verlag, Gießen, S 261-307

Gloger-Tippelt G (2010) Kindheit und Bildung. In: Tippelt R, Schmidt B (Hrsg) Handbuch Bildungsforschung. VS-Verlag, Wiesbaden, S 627-640

Göhlich M (2011) Reflexionsarbeit als pädagogisches Handlungsfeld. Zeitschrift für Pädagogik 57: 138-152

Gordon T (1989) Familienkonferenz. Heyne, München

Gordon T (2002) Die neue Beziehungskonferenz. Heyne, München

Grüner H (2014) Ab heute Kitaleitung! Alle Herausforderungen der neuen Position schnell und sicher meistern. Auer, Augsburg

Gut J, Kühne-Eisendle M (2014) Bildbar - Das Kartenset: 50 Karten zum Arbeiten mit Bildern im Coaching, Training, in der Aus- und Weiterbildung, Therapie und Supervision. managerSeminare, Bonn

Gut J, Kühne-Eisendle M (2014) Bildbar. 100 Methoden zum Arbeiten mit Bildern und Fotos im Coaching, Training, in der Aus- und Weiterbildung, Therapie und Supervision. mangerSeminare, Bonn

Gutknecht D (2010) Professionelle Responsivität. Ein hochschulbezogenes Ausbildungskonzept für den frühpädagogischen Arbeitskontext U3. Dissertation. Heidelberg: Pädagogische Hochschule. d-nb.info/1008380415/34. Zugriff: 03.09.2013

Haberleitner E, Deistler E, Ungvari R (2009) Führen, Fördern, Coachen. So entwickeln Sie die Potenziale Ihrer Mitarbeiter. Piper, München

Hackman JR, Oldham GR (1976) Motivation through the design of work: test of a theory. Organizational Behavior and Human Performance 16(2): 250-279

Harris R (2013) Wer vor dem Schmerz flieht, wird von ihm eingeholt. Unterstützung in schwierigen Zeiten. ACT in der Praxis. Kösel, München

Harris T (1973) Ich bin o.k. Du bist o.k. Wie man über seinen Schatten springen lernt. Rowohlt, Hamburg

Harwardt-Heinecke E, Ahnert L (2013) Bindungserfahrungen in Kindergarten und Schule in ihrer Wirkung auf die Schulbewährung – Zusammenfassende Ergebnisse aus der BSB-Studie. Zeitschrift für Pädagogik 59(6): 817-825

Hauenschild K, Robak S, Sievers S (Hrsg) (2013) Diversity Education. Zugänge – Perspektiven – Beispiele. Brandes & Apsel, Frankfurt

Heite C (2008) Soziale Arbeit im Kampf um Anerkennung. Professionstheoretische Perspektiven. Juventa, Weinheim

Herzberg F (1968) One more time. How do you motivate employees? Harvard Business Review 46(1): 53-62

Holmes T, Holmes L (2014) Reisen in die Innenwelt. Systemische Arbeit mit Persönlichkeitsanteilen. Kösel, München

Honneth A (1992) Kampf um Anerkennung. Zur moralischen Grammatik sozialer Konflikte. Suhrkamp, Frankfurt

Hopkins J (1996) The dangers and deprivations of too-good mothering. Journal of Child Psychotherapy, 407-422

Hugoth M (Hrsg) (2014) Jahrbuch Kita-Leitung 2014. Deutscher Kitaleitungskongress. Carl Link, Kronach

Hujala E, Waniganayake M, Rodd J (Hrsg) (2013) Researching Leadership in Early Childhood Education. Tampere, Finland: Tampere University Press

Iding D (2012) Der kleine Achtsamkeitscoach. Gräfe & Unzer, München

Isfort M, Fuchs-Frohnhofen P, Wappenschmidt-Krommus E, Duisberg M, Neuhaus A, Rottländer R, Brauckmann A, Bessin C (2012) Wertschätzung in der Pflege und für die Pflege systematisch fördern – das Projekt PflegeWert. In: Reichwald R, Frenz M, Hermann S, Schipanski A (Hrsg) Zukunftsfeld Dienstleistungsarbeit. Professionalisierung - Wertschätzung – Interaktion. Springer, Wiesbaden, S 588-607

Jungmann T, Reichenbach C (2011) Bindungstheorie und pädagogisches Handeln. Ein Praxisleitfaden. Borgmann Media, Dortmund

Juul J (2006) Nein aus Liebe. Klare Eltern – starke Kinder. Kösel, München

Kaiser S, Ringlstetter MJ (Hrsg) (2010) Work-Life Balance. Erfolgsversprechende Konzepte und Instrumente für Extremjobber. Springer, Berlin

Kalicki B (2010) Spielräume einer Erziehungspartnerschaft von Kindertageseinrichtung und Familie. Zeitschrift für Pädagogik 56: 193-205

Kaltenbach K (2008) Kita im Wandel – Neue Anforderungen an Leitungskräfte von Tageseinrichtungen für Kinder. VDM, Saarbrücken

Kauschat I, Schulze B (2014) Das große Praxisbuch zum wertschätzenden Miteinander: 101 Übungen zur Inspiration Ihrer Seminare und Gruppen auf Basis der Gewaltfreien Kommunikation. Books on Demand, Norderstedt

Klaffke M (Hrsg) (2014) Generationen-Management: Konzepte, Instrumente, Good-Practice-Ansätze. Springer Gabler, Wiesbaden

Klug W (2013) Erfolgreiches Kita-Management: Unternehmens-Handbuch für LeiterInnen und Träger von Kitas. Reinhardt, München

Koch B (Hrsg) (2014) Handbuch Kindergartenleitung. Das ABC für Führungskräfte in der Elementarpädagogik. KiTa aktuell, Wien

König A, Leu HR, Viernickel S (Hrsg) (im Druck) Perspektive Frühe Bildung. Frühpädagogik im Aufbruch. Beltz Juventa, Weinheim

Krause M, Schreyer I, Brandl M, Nicko O (2014) Auswirkungen von Arbeitsbedingungen auf Arbeitszufriedenheit, Commitment und Fluktuationsneigung bei Kita-Mitarbeiter/innen - Ausgewählte Ergebnisse der AQUA-Studie. In: Fröhlich-Gildhoff K, Nentwig-Gesemann I, Neuß N (Hrsg) Forschung in der Frühpädagogik VII. FEL, Freiburg, S 81-100

Krenz A (2001) Teamarbeit und Teamentwicklung. Grundlagen und praxisnahe Lösungen für eine effiziente Zusammenarbeit. Verlag gruppenpädagogischer Literatur, Wehrheim

Krone A (2003) Spezifische Emotionen im Leistungskontext: Freude und Ärger bei Leistungsrückmeldungen. In: Homburg KC, Holling H (Hrsg) Innovative Personal- und Organisationsentwicklung. Hogrefe, Göttingen, S 249-265

Laudenbach P (2008) Der tödliche Cocktail. brand eins 9: 80-85

Leipold B (2012) Lebenslanges Lernen und Bildung im Alter. Kohlhammer, Stuttgart

Lorenzer A (1970) Sprachzerstörung und Rekonstruktion. Vorarbeiten zu einer Metatheorie der Psychoanalyse. Frankfurt, Suhrkamp

Mandl H (2011) Implizites Wissen explizit machen. KM-Journal 3. http://www.km-a.at/kmjournal/Pages/Mandl_ImplizitesWissenexplizitmachen.aspx. Zugriff: 03.09.2013

Maslow A (1968) Toward a psychology of being. Van Nostrand, New York

Matyssek, AK (2011) Wertschätzung im Betrieb: Impulse für eine gesündere Unternehmenskultur. Books on Demand, Norderstedt

Mayer D, Beckh K, Berkic J, Becker-Stoll F (2013) Erzieherin-Kind-Beziehungen und kindliche Entwicklung: Der Einfluss von Geschlecht und Migrationshintergrund. Zeitschrift für Pädagogik 59(6): 803-816

Meibom B (2012) Wertschätzung in der Kommunikation: Verbundenheit - Alte und neue Sehnsucht. In: Anda B, Endrös S, Kalka J, Lobo S (Hrsg) SignsBook - Zeichen setzen in der Kommunikation. Springer, Wiesbaden, S 127-138

Meyer S, Bahr S, Hoffmann H, Nolte D, Stalder UM (2014) Berufserfahrung als Ressource? In: König A, Leu HR, Viernickel S (Hrsg) Forschungsperspektiven auf Professionalisierung in der Frühpädagogik. Beltz Juventa, Weinheim

Mohr N, Büning N, Hess U, Fröbel A (Hrsg) (2010) Herausforderung Transformation. Theorie und Praxis. Springer, Berlin

Möller JC, Schlenther-Möller E (2012) Kita-Leitung. Leitfaden für Qualifizierung und Praxis. Cornelsen, Berlin

Nagel-Prinz SM, Paulus P (2012) Wie geht es Kita-Leitungen? Gesundheitliche Belastungen von Führungskräften in Kindertageseinrichtungen. Prävention und Gesundheitsförderung 7: 127-134

Nagel-Prinz SM, Paulus P (2013) Komplexe (!) und gesunde (?) Managementanforderungen in Kindertageseinrichtungen. Kita aktuell 1: 14-16

Nentwig-Gesemann I (2007) Forschende Haltung. Professionelle Schlüsselkompetenz von FrühpädagogInnen. Sozial Extra 5(6): 20-22

Nentwig-Gesemann, Iris/Fröhlich-Gildhoff, Klaus/Harms, Henriette/Richter, Sarah (2012): Professionelle Haltung – Identität der Fachkraft für die Arbeit mit Kindern in den ersten drei Lebensjahren. Weiterbildungsinitiative Frühpädagogische Fachkräfte. WiFF Expertise, Band 24. München. http://www.weiterbildungsinitiative.de/uploads/media/WiFF_Expertise_Nentwig-Gesemann.pdf Zugriff: 26.02.2016

Nerdinger F, Blickle G, Schaper N (2014) Arbeits- und Organisationspsychologie (3. Aufl.). Springer, Heidelberg

Neuss N, Zeiss J (2013) Biografiearbeit als Bestandteil von Professionalisierung. Die eigene Kindheit ins Bewusstsein rücken. Theorie und Praxis der Sozialpädagogik 1: 22-25

Neuweg HG (2002) Lehrerhandeln und Lehrerbildung im Lichte des Konzepts des impliziten Wissens. Zeitschrift für Pädagogik 48(1): 10-29

Nittel D, Schütz J, Tippelt R (Hrsg) (2014) Pädagogische Arbeit im System lebenslangen Lernens - Ergebnisse komparativer Berufsgruppenforschung. Beltz, Weinheim

Nübold A, Maier G W (2012) Führung in Zeiten des demografischen Wandels. In: Grote S (Hrsg) Die Zukunft der Führung. Springer, Berlin

OECD (2012) Starting Strong III. A Quality Toolbox for Early Childhood Education and Care. OECD Publishing. http://dx.doi.org/10.1787/9789264123564-en

Ott B, Rainer K, Ott-Hackmann H, Hinrichsen S (2007) Die systemische Kita. Das Konzept und seine Umsetzung. verlag das netz, Berlin

Otte U (2015) Kitastreik: Mehr Wertschätzung, bitte. Westfälische Nachrichten vom 10.05.2015.

Polanyi M (1985) Implizites Wissen. Suhrkamp, Frankfurt

Preiß C (2013) Bildung, Betreuung und Erziehung in der Einwanderungsgesellschaft. Hintergründe und bildungspolitische Ansätze. WiFF-Expertisen (Bd. 31). München

Prengel A (2006) Pädagogik der Vielfalt: Verschiedenheit und Gleichberechtigung in Interkultureller, Feministischer und Integrativer Pädagogik. VS-Verlag, Wiesbaden

Prüver M (2015) 55 Fragen und 55 Antworten: Leitung von Kitas. Cornelsen, Berlin

Rabe-Kleberg U (2006) Mütterlichkeit und Profession - oder: Mütterlichkeit, eine Achillesferse der Fachlichkeit? In: Diller A, Rauschenbach T (Hrsg) Reform oder Ende der Erzieherinnenausbildung. Beiträge zu einer kontroversen Fachdebatte. Verlag Deutsches Jugendinstitut, München, S 95-109

Richter C (2015) Kita-Mitarbeiter an der Belastungsgrenze. Deutschlandfunk vom 07.05.2015

Rodd J (2012) Leadership in Early Childhood. Open University Press, Buckingham

Rogers C (1972) Die nicht-direktive Beratung. Counseling and Psychotherapy. Kindler, Frankfurt

115 Rösch C, Schmid H, Wettstein F (2012) Wertschätzung. Entwicklung und Prüfung eines Erhebungsinstruments. Zeitschrift für soziale und sozialverwandte Gebiete 2: 50-57

Rosenberg M (2010) Gewaltfreie Kommunikation. Eine Sprache des Lebens (9. Aufl.). Junfermann, Paderborn

Rosenstiel L, Nerdinger F (2011) Grundlagen der Organisationspsychologie. Basiswissen und Anwendungshinweise (7. Aufl.). Schäffer-Poeschel, Stuttgart

Rudolph B (2012) Das Berufsbild der Erzieherinnen und Erzieher im Wandel – Zukunftsperspektiven zur Ausbildung aus Sicht der Fachschulleitungen. WiFF-Studien (Bd. 14). München

Salzberger-Wittenberg I (Hrsg) (1997) Die Pädagogik der Gefühle. Emotionale Erfahrungen beim Lernen und Lehren. WUV, Wien

Schneewind J, Böhmer N, Granzow M, Lattner K (2012) Abschlussbericht des Forschungsprojektes „Studie zur Kompetenz und Zufriedenheit von Erzieherinnen in Niedersachsen". Osnabrück

Schreyer I, Krause M, Brandl M, Nicko O (2015) Arbeitsbedingungen, Arbeitszufriedenheit und das Auftreten von beruflichen Gratifikationskrisen bei Kita-Mitarbeiter/innen in Deutschland. Frühe Bildung 4: 71-82

Schreyer I, Krause M, Brandl M, Nicko O (im Druck). Arbeitsplatz Kita: Zwischen Engagement und Verausgabung - Ausgewählte Ergebnisse der bundesweiten AQUA-Studie. In: König A, Leu HR, Viernickel S (Hrsg) Perspektive Frühe Bildung. Frühpädagogik im Aufbruch. Beltz Juventa, Weinheim

Schreyer I, Krause M, Brandl M, Nicko O (2014) AQUA - Arbeitsplatz und Qualität in Kitas. Ergebnisse einer bundesweiten Befragung. Staatsinstitut für Frühpädagogik, München

Schuett S (2014) Demografie-Management in der Praxis: Mit der Psychologie des Alterns wettbewerbsfähig bleiben. Springer, Berlin

Schuett S (2014) Führung im demografischen Wandel: Ein Leitfaden für Führungskräfte und Personalmanager. Springer, Berlin

Schütz J (2009) Pädagogische Berufsarbeit und Zufriedenheit. Eine bildungsbereichübergreifende Studie. wbv, Bielefeld

Schütze F (1983) Biographieforschung und narratives Interview. Neue Praxis 13(3): 283-293

Schwede J, Dörnbrack C, Reiber-Gamp U (2011) Arbeits- und Gesundheitsschutz in Kindertageseinrichtungen. Carl Link, Kronach

Sellin R (2014) Bis hierher und nicht weiter. Wie Sie sich zentrieren, Grenzen setzen und gut für sich sorgen. Kösel, München

Semmer NK, Jacobshagen N (2003) Selbstwert und Wertschätzung als Themen der arbeitspsychologischen Stressforschung. In: Hamborg KC, Holling H (Hrsg) Innovative Personal- und Organisationsentwicklung. Hogrefe, Göttingen, S 131-155

Siegrist J (2006) Work, health and welfare: new challenges. International Journal of Social Welfare 15: 5-12

Siller G (2008) Professionalisierung durch Supervision. Perspektiven im Wandlungsprozess sozialer Organisationen. VS-Verlag, Wiesbaden

Siraj I (2013) Effective and Caring Leadership in the Early Years. Sage, London

Six B, Felfe J (2004) Einstellungen und Werthaltungen im organisationalen Kontext. In: Schuler H (Hrsg) Organisationspsychologie 1 - Grundlagen und Personalpsychologie. Enzyklopädie der Psychologie (Bd. D/III/3). Hogrefe, Göttingen, S 597-672

Skalla S (2015) Handbuch für die Kita-Leitung. Carl Link, Kronach

Stamer-Brandt P, Tofern F (2013) Leitungswissen Kita. Herder, Freiburg

Stamm M, Edelmann D (2013) Handbuch frühkindliche Bildungsforschung. Springer VS, Wiesbaden

Stewart I, Joines V (2015) Die Transaktionsanalyse. Eine Einführung. Herder, Freiburg

Streeck U (2013) Implizites Beziehungswissen. Psychotherapeut 58(2): 143-151

Strehmel P (2010) Gesundheitsförderliche Führung und Teamleitung bei K!GG. Kita spezial (Sonderausgabe) 3: 26-30

Strehmel P (2015) Leitung erledigt sich nicht nebenbei: Expertise zur Leitung von Kindertageseinrichtungen. Betrifft KINDER 4: 6-11

Strehmel P (2011) Nicht nur mehr Männer – mehr Menschen in Kitas! Strategien gegen den Fachkräftemangel im System der Kindertagesbetreuung. Standpunkt: sozial 2+3: 137-143

Strehmel P, Ulber D (2014) Leitung von Kindertageseinrichtungen. WiFF-Expertisen (Nr. 39). WiFF, München

Strehmel P, Ulber D (2013) Nachhaltige Personal- und Organisationsentwicklung durch Weiterbildung. Das Projekt IMPROVE. Standpunkt: sozial 1: 100-111

Tergeist G (2015) Führen und leiten in sozialen Einrichtungen. Balance Buch + Medien, Köln

Textor M (2011) Gefühle als Grundlage des Zusammenlebens. Die emotionale Entwicklung fördern. Klein & gross 64(9): 52-55

Thole W (2010) Die pädagogischen MitarbeiterInnen in Kindertageseinrichtungen. Professionalität und Professionalisierung eines pädagogischen Arbeitsfeldes. Zeitschrift für Pädagogik 56(2): 206-222

Tippelt R (2010) Demografischer Wandel und das Lernen Älterer. In: Wolter A, Wiesner G, Koepernik C (Hrsg) Der lernende Mensch in der Wissensgesellschaft - Perspektiven lebenslangen Lernens. Beltz Juventa, Weinheim, S 35-52

Tippelt R, Schmidt B (2010) Handbuch Bildungsforschung (3. Aufl.). VS-Verlag, Wiesbaden

Trescher HG (1985) Theorie und Praxis der Psychoanalytischen Pädagogik. Matthias Grünewald, Mainz

Vereinigung der Bayerischen Wirtschaft e. V. (Hrsg) (2012) Professionalisierung in der Frühpädagogik. Qualifikationsniveau und -bedingungen des Personals in Kindertagesstätten. Gutachten. Waxmann, Münster

Viernickel S (2012) Krippen im Spiegel der Wissenschaft: Diskurslinien und Forschungsfragen. In: Viernickel S, Edelmann D, Hoffmann H, König A (Hrsg) Krippenforschung. Methoden, Konzepte, Beispiele. Reinhardt, München, S 15-23

Viernickel S, Fuchs-Rechlin K, Strehmel P, Preissing C, Haug-Schnabel G, Bensel J (2015) Qualität für alle. Wissenschaftlich begründete Standards für die Kindertagesbetreuung. Herder, Freiburg

Viernickel S, Mauz E, Schumann M, Voss A (2014) Abschlussbericht: STEGE „Strukturqualität und Erzieher/innengesundheit in Kindertageseinrichtungen. http://www.ash-berlin.eu/fileadmin/user_upload/pdfs/Infothek/ Presse_und_%C3%96ffentlichkeitsarbeit/Pressemitteilungen/ STEGE _Abschlussbericht.pdf. Zugriff: 22.01.2014

Viernickel S, Nentwig-Gesemann I, Nicolai K, Schwarz S, Zenker L (2013) Schlüssel zu guter Bildung, Erziehung und Betreuung. Bildungsaufgaben, Zeitkontingente und strukturelle Rahmenbedingungen in Kindertageseinrichtungen. Forschungsbericht. Berlin

Vogel G (2013) Selbstcoaching konkret. Ein Praxisbuch für soziale, pädagogische und pflegerische Berufe. Reinhardt, München

Wahl J, Meyer N (2015) ErzieherInnen wollen nicht nur (mehr) Geld. ErzieherIn.de vom 16.07.2015

Weinert A (2004) Organisations- und Personalpsychologie (5. Aufl.). Beltz, Weinheim

Wertfein M, Müller K, Danay K (2013) Die Bedeutung des Teams für die Interaktionsqualität in Kinderkrippen. Frühe Bildung 2(1): 20-27

Wettstein F (2011) Wertschätzung - Ressource für eine psychische und soziale Gesundheit. Konzept Entwicklung und Forschung. Olten

Wildgruber A, Becker-Stoll F (2011) Die Entdeckung der Bildung in der Pädagogik der frühen Kindheit – Professionalisierungsstrategien und -konsequenzen. Zeitschrift für Pädagogik 57: 60-76

Wininger M (2012) „Reflection on action" im Dienst pädagogischer Professionalisierung. Psychoanalytisch-pädagogische Überlegungen zur Vermittlung sonderpädagogischer Kompetenzen an Hochschulen. In: Datler W, Finger-Trescher U, Gstach J (Hrsg) Psychoanalytisch-pädagogisches Können. (S. 53-80). Psychosozial-Verlag, Gießen, S 53-80

Winterhoff M (2008) Warum unsere Kinder zu Tyrannen werden. Oder: Die Abschaffung der Kindheit. Gütersloher Verlagshaus, Gütersloh

Wolfs M (2015) Die Mischung macht's! Über Vielfalt in Kita-Teams, neue Herausforderungen und mögliche Lösungsansätze. Welt des Kindes 1: 16-20

Zwack M, Muraitis A (2013) Wertschätzung im Betrieb: Weshalb sie oft vermisst wird und mögliche Beiträge zu ihrem Zustandekommen. In: Schweitzer J, Bossmann U (Hrsg) Systematisches Demografiemanagement. Wie kommt Neues zum Älterwerden ins Unternehmen? Springer VS, Wiesbaden, S 87-105

Stichwortverzeichnis

Printed by Printforce, the Netherlands